성공하는 사람은 **인맥**을 **디자인**한다

성공하는 사람은 인맥을 디자인한다

초판 1쇄 인쇄 | 2014년 5월 2일 **초판 1쇄 발행** | 2014년 5월 8일

지은이 | 장차오 **옮긴이** | 홍민경

펴낸이 | 전영화 **펴낸곳** | 다연

주소 | (121-854) 경기도 파주시 문발로 115 세종출판벤처타운 404호

전화 | 070-8700-8767 **팩스** | (031) 814-8769 **이메일** | dayeonbook@naver.com

본문 편집 및 디자인 | 미토스 **표지** | 김윤남

ⓒ 다연

ISBN 978-89-92441-51-3 (03320)

※ 잘못 만들어진 책은 구입처에서 교환 가능합니다.

100퍼센트 내 사람으로 만드는 인맥 디자인의 기술

성공하는 사람은 인맥을 디자인한다

장차오 지음 | 홍민경 옮김

다연
DAYEONBOOK

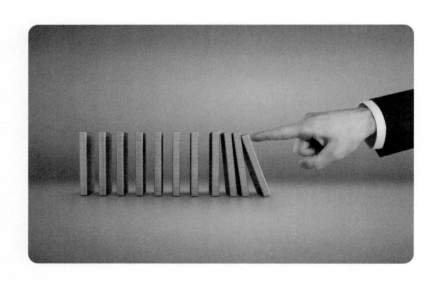

PROLOGUE
인맥 디자인으로 성공하라

현재 직장에서 당신이 어떤 위치에 있든, 3년 후에 막강한 인적자원을 당신 것으로 만들고 싶다면 지금부터라도 인맥을 디자인해야 한다. 어떤 식으로 인맥을 만들고 관리하느냐에 따라 당신의 미래가 달라질 것이다.

이 책에서 나는 성실이나 신뢰처럼 누구나 다 아는 처세의 근간을 강조할 생각이 없다. 물론 이런 조건들이 중요하지만 전부는 아니다. 기본적인 인성만큼이나 시기적절한 수완도 필요하다.

두 가지 유형의 사람을 예로 들어보자.

첫 번째는 그리 성실하지 않지만 잔머리를 잘 쓰는 타입이다. 이들은 단기간에 자기 나름대로의 요령으로 사람들의 마음을 사로잡아 도움을 받으며 인맥을 형성한다. 하지만 장기적으로 보면 이들 주위에 믿을 만한 사람은 점점 줄어든다. 바로 이 지점에서 기본적인 인성의 중요성이 드러난다.

두 번째는 두루뭉술하고 순하여 남의 비위를 다 맞추는 무골호인(無骨好人) 타입이다. 이들은 누구나 인정하는 인성을 갖고 있지만 인맥을 만드는 일에는 영 재주가 없다. 늘 누군가에게 이용만 당한다. 모든 사람이 이들의 인간 됨됨이를 칭찬하지만 정작 이들이 내는 마음의 소리에는 무관심하다. 무골호인은 인맥 장부의 1년 결산에서 늘 적자를 보는 타입이다. 이들은 지출한 것만큼 거둬들이지를 못한다. 이것만 봐도 인맥을 제대로 경영하기 위해서는 제대로 된 품성 외에 수완이 필요하다는 것을 알 수 있다.

인생에서 가장 중요한 투자는 나 자신을 바로 알고, 그에 따라 올바른 방향을 선택하는 것이다. 이를 통해 최단 시간 안에 최적의 방법으로 최상의 일을 해 최고의 결과를 거둬야 한다.

지난 시간을 돌이켜보자. 당신은 먹고, 입고, 놀고, 공부하는 데 얼마의 시간을 투자했는가? 아마 꽤 긴 시간을 투자했을 것이다. 그런데도 여전히 성공에 이르지 못한 까닭은 그동안 인맥을 디자인하는 공부에 단 1분도 투자하지 않았기 때문이다.

인맥은 저절로 만들어지는 게 아니다. 인맥은 스스로가 주도적으로 디자인해야 한다. 내적·외적 소양을 토대로 타인과의 교류에서 주도권을 쥐고 공격과 방어의 기술을 적절히 구사할 때, 비로소 인맥다운 인맥이 구축된다. 당연히 이 모든 것은 학습과 훈련을 통해 이루어진다.

물론 이는 타인의 심리, 인간관계의 규칙을 파악하는 일에서부터 출발해야 한다. 타인의 심리를 꿰뚫는다면 일방적인 설득과 부탁이 아닌, 교묘한 심리전 우위 속에서 상대를 내 편으로 만들 수 있다. 더 나아가 상대의 감정에 휘둘리는 일도 생기지 않는다.

누구나 시간 앞에선 평등하다. 그 시간 동안 부잣집에서 태어나지 못한 것을 혹은 주변에 '귀인'이 없는 처지를 원망하며 보내든, 자기 삶의 지배자가 되기 위해 노력하든 선택은 본인의 몫이다.

살다 보면 호인을 만나기도 하고 악인을 만나기도 한다. 하지만 인맥을 디자인하는 능력만 있다면 이 모든 사람을 당신의 '귀인'으로 만들 수 있다. 당신 삶의 지배자는 바로 당신 자신이다!

장차오

CONTENTS

PART 3

직장 생존 처세술,
감추거나 드러내기

PART 1
신뢰를 얻고 싶다면
나부터 바로 세우자

내실을 다지지 못하면 세상에서
가장 값진 것을 발견할지라도 내 것으로 만들 수 없다.

나의 가치
발견하기

10년을 죽어라 노력했어. 그런데 어째서 나는

여전히 너와 마주 앉아 커피 한 잔 마실 여유조차 없는 걸까?

대학 시절, 나에게는 친한 친구가 두 명 있었다. 한 친구는 전형적인 부잣집 아들로, 늘 친구들의 물주 노릇을 자처했다. 그는 다양한 취미생활을 즐겼는데, 그 때문인지 인맥도 상당히 넓은 편이었다. 또 다른 친구는 한마디로 '개천에서 용이 난' 인물이었다. 시골 촌구석의 가난한 농부 아들로 태어나 천신만고 끝에 명문대생이 되었으니까 말이다. 그에게 대학은 가난을 탈피할 유일한 통로였다. 그랬기에 그는 도서관을 집 삼아 학점관리와 취업 준비만 하며 4년을 보냈다. 친구도 나밖에 없었다. 성격이 예민하고 감정 기복이 심하다 보니 주변 사람들과 빈번히 충돌했고, 그래서 깊이 있는 인간관계를 갖지 못했다.

졸업 즈음에 가난한 친구가 내게 이런 고백을 했다.

"내가 가장 뛰어넘고 싶은 것, 그 목표가 뭔 줄 알아? 바로 우리 과의 그 부자 놈이야."

그릇된 열등감을 꽉 쥐고 있는 그가 안타까워 나는 애정 어린 충고도 해보았지만 전혀 먹히지 않았다.

현실은 참 잔인하다. 졸업 후 꽤 세월이 흘렀지만 가난한 친구는 여전히 대도시에서 내 집 마련을 위해 동분서주하고 있고, 부자 친구는 남부러울 것 없이 부를 누리고 있으니 말이다. 동창회에서 부자 친구는 늘 화제의 중심에 있었다.

"요즘은 시간 날 때 뭐해?"

"나랑 아내 모두 여행을 좋아해서 이곳저곳 다니고 있어."

그러면 화제는 금세 그가 간 여행지로 옮아갔다. 들어보니 세계 유명 관광지는 거의 다녀온 듯했다. 그가 다녀온 여행지마다 깃발을 꼽는다면, 몇 년 안에 세계 지도가 그의 깃발로 뒤덮일 듯했다.

그런데 딱 한 명만은 그 유쾌한 대화에 전혀 끼지 못하고 있었다. 바로 가난한 친구였다. 그에게 부자 친구의 이야기는 대재앙에 버금가는 위력을 발휘했을 것이다. 모임 내내 그의 머리 위에는 먹구름이 잔뜩 끼어 있었으니 말이다.

"너, 괜찮아?"

이 말이 입 밖으로 튀어나오려 했지만 나는 꾹 삼켜버렸다. 그가 폭발하는 꼴은 정말 보고 싶지 않았으니까. 그를 보며 문득 언젠가 봤던 드라마의 대사가 떠올랐다.

"10년을 죽어라 노력했어. 그런데 어째서 나는 여전히 너와 마주 앉아 커피 한 잔 마실 여유조차 없는 걸까?"

단순히 돈이 없어서였을까? 생활에 치이며 살다 보니 그것을 즐길 만한 여유가 없었을 뿐이다. 그들 역시 노력만 하면 몇 년 안에 부자가 될 거라고 믿었을 것이다. 하지만 그런 기대는 10년 후 물거품이 되어버렸다. 그들은 기회의 문을 열기는커녕 가난의 벽조차 허물지 못했다. 그리고 자신의 가치와 세상을 똑바로 직시하는 냉철함과 여유를 잃어버렸다.

부모 경제력이 자식의 경쟁력인 시대?
그래도 운은 돌고 돈다

자신의 경쟁력을 키우고 싶다면 가장 먼저 가정 형편과 부모의 경제력부터 파악해야 한다. 사실, 지금은 부모의 재산이 사회 진출을 위한 밑천이 되는 경우가 대부분이다. 현실적인 예를 들어보자.

가난한 집안 출신의 한 남자가 있다. 그는 식구들의 생계를 책임지기 위해 졸업과 동시에 적당한 회사에 들어간다. 연봉이 1만 위안(약 175만 원)도 채 되지 않는 곳이다. 그렇다고 쉽게 그만둘 형편도 아니다. 월급이 매년 30퍼센트씩 오른다고 가정하면, 그가 서른이 되었을 때 연봉은 4만 위안 정도 될 것이다.

반면, 부모의 경제력이 탄탄함은 물론 사회적 지위가 높은 집안의 자식이라면 어떨까? 아마도 부모가 알아서 자식을 위해 연봉 10

만 위안 상당의 일자리를 찾아줄지 모른다. 설령 연봉이 1만 위안인 직장에서 일을 시작한다 해도 가난한 친구와는 상황이 다르다. 그는 월급을 집에 고스란히 가져다 바칠 필요가 없고, 생활비가 모자랄까 봐 전전긍긍하며 돈을 아껴 쓸 필요도 없다. 번 돈을 그대로 자신을 위해 써도 전혀 문제될 게 없다. 재충전을 위해 투자하거나 다양한 재테크를 시도할 수도 있다. 자기 투자와 인맥을 통해 연봉 10만 위안을 받는 직장으로의 이직도 어렵지 않다. 연봉 10만 위안을 시작으로 매년 30퍼센트씩 월급이 오른다면 서른이 되었을 때 그의 연봉은 40만 위안에 육박할 것이다.

연봉 1만 위안과 10만 위안은 9만 위안의 차이가 날 뿐 둘 다 집을 사기에는 턱없이 부족한 돈이다. 그러나 4만 위안과 40만 위안의 차이는 엄청나다. 4만 위안으로는 집을 살 수 없지만 40만 위안으로는 웬만한 집을 살 수 있다. 이것이 바로 돈이 돈을 버는 마태효과 (Matthews effect)다.

여기서도 알 수 있듯, 사람들의 출발선은 제각기 다르다. 그렇다면 이것은 바꿀 수 없는 우리의 운명일까?

다행히 '명(命)은 정해진 것이고, 운(運)은 돌고 돈다'고 했다. 다만, 그 운을 바꾸는 힘은 전적으로 자신의 깨우침과 자신감에 달려 있다. 다른 사람의 부모가 가진 재산이 자기 집의 10배, 100배라면 그 차이부터 인정해야 한다. 그래야 자신의 능력과 단점에 눈을 돌리고 구체적인 인생 목표를 세울 수 있다. 그리고 이때부터 남이 아닌 나 자신과의 싸움을 시작할 수 있다.

자신감은 돈만 있다고 생기는 게 아니다. 자신감은 수중에 돈이 없어도 열등감에서 벗어나 부족함을 채워나가기 위해 노력하는 정신력에서 나온다. 여기에 지혜와 지식이 덧붙는다면 부도 자연히 뒤따라오게 마련이다.

합리적인 목표라면
80퍼센트만 달성해도 성공한 셈이다

샤오펀은 대학을 졸업한 후 좋은 직장을 구하지 못해 옷가게에서 아르바이트를 했다. 그녀는 대졸 출신이라는 우월감 때문에 다른 점원들과 잘 어울리지 못했고, 손님을 상대할 때도 마음은 늘 다른 곳에 가 있었다. 사실, 그녀는 멋진 여류작가가 되는 게 꿈이었다.

그녀의 실적은 늘 꼴찌였고, 실적에 따라 월급을 받다 보니 일을 해도 막상 손에 쥐는 돈은 얼마 되지 않았다. 화도 나고 자존심도 상한 그녀는 여러 루트로 새 일자리를 알아보기 시작했다. 그런 와중에 어쩌다 보니 나와 인연이 닿았다.

나는 우선 그녀와 만나 옷가게에서 실적이 낮았던 이유부터 분석해보기로 했다. 그런데 그녀는 관심조차 없다는 듯 고개를 가로저으며 이렇게 말했다.

"실적 따위는 중요하지 않아요. 난 그저 그곳에서 일하면서 남는 시간에 공부를 하고 싶었을 뿐이에요."

"무슨 공부를 했죠?"

"글쓰기 공부요. 한한(韓寒, 중국의 신세대 인기 작가) 같은 작가가 되고 싶어요."

그녀의 대답에 한 가지 확신이 섰다. 냉철한 충고를 해주지 않는다면 그녀는 평생 허황된 꿈속에서 벗어나지 못할 것이었다.

"대학을 다니는 4년 내내 글도 쓰고, 책도 많이 읽었죠? 그렇다고 작가가 되었나요? 더구나 한한이 작가로 성공하기까지 참 많은 요인이 작용했을 거라고 봐요. 고등학교 때부터 글쓰기 방면으로 남다른 재능을 보였고, 편집장 출신인 아버지의 영향도 받았을 거고……."

나의 말이 너무 정곡을 찔렀는지 그녀는 고개를 푹 숙인 채 조용히 내 말에 귀를 기울였다.

"꼭 따로 시간을 투자해 공부해야 운명을 바꿀 수 있는 건 아니에요. 지금 일하는 곳에서도 많은 것을 배울 수 있죠. 만약 5년 후 여성복 매장의 사장이 되겠다는 목표를 세웠다면 지금부터 무엇을 해야 할까요? 우선 고객에게 가장 환영받는 점원의 조건부터 고민해봐야 하지 않겠어요? 그래야 5년 후 나만의 노하우로 점원을 교육하고 관리할 수 있으니까요. 어디 이뿐인가? 옷의 소재와 특징을 파악해야 하고, 고객의 기분을 맞추는 법도 배워야 하고……."

그녀의 눈빛이 새로운 희망을 찾기라도 한 듯 반짝였다. 그 후 친구를 통해 그녀가 옷 가게에서 열심히 일하고 있다는 소식을 전해 들을 수 있었다.

"샤오펀이 마음을 잡고 착실하게 일하니 다행이야. 그런데 5년 후에 정말 사장이 될 수 있을까?"

"샤오펀처럼 곱게 자란 친구가 사회생활을 하다 보면 스트레스가 이만저만이 아닐 거야. 물론 그녀에게 문학적 재능이 있다면 언젠가 등단해 작가로 성공할 수도 있겠지. 하지만 그 길 역시 지금보다 쉽다고 장담할 수 없어. 어쩌면 더 힘들고 긴 여정이 될지도 모르지. 어쨌든 일단 작가의 꿈을 접고 일을 시작했으니 앞으로 어떻게 될지는 전적으로 그녀 몫이야. 합리적인 목표만 세운다면 설령 5년 후에 유명 브랜드의 사장은 못 되어도 작은 의류점을 운영하며 여유롭게 살 수 있을 거라고 봐. 작은 의류가게 주인이 못 되면 어때? 다른 점포의 점장만 되어도 수입은 꽤 괜찮을걸? 만약 점장도 되지 못했다면 적어도 팀장 정도는 되어 있지 않겠어? 어쨌든 지금보다는 훨씬 나아질 테니 걱정할 거 없어. 게다가 샤오펀은 표현력이 좋아서 맡은 일에 최선을 다하다 보면 앞으로 기회는 얼마든지 있을 거야."

그녀는 나와의 만남을 통해 막연히 꿈만 꾸는 철없는 소녀에서 사회와 타인의 수요와 가치를 충족시킬 줄 아는 성숙한 사회인으로 거듭날 수 있었다.

합리적인 목표는 자기 장점을 유감없이 발휘하도록 만드는 촉진제다. 지금 그녀는 그동안 배운 모든 지식을 총동원해 고객과 대화를 나누고, 그들의 니즈를 만족시키기 위해 최선을 다하고 있다. 그녀의 노력은 '손님이 손님을 몰고 오는' 힘을 발휘했고, 동료들이 추천하는 '우수 직원'으로 뽑히기까지 했다.

단점도 쓰일 곳을 만나면
장점이 된다

나 자신을 냉철히 들여다보고 이해해야 내게 가장 잘 맞는 생태환경을 찾을 수 있다. 인간의 성향은 종종 자연계의 생물에 비유되곤한다. 예컨대 늑대의 카리스마, 양의 온순함, 곤충의 영리함처럼 어느 동물을 떠올리는 것만으로도 퍼뜩 떠오르는 연관 단어가 있다.

그중에서도 늑대의 성향을 높이 평가하는 사람들이 꽤 많다. 이는 늑대처럼 힘과 카리스마가 있어야 자신의 영역을 확장하고 진보할 수 있기 때문이다. 반면, 어떤 사람들은 양의 성향을 더 인정하기도 한다. 그들은 무리지어 서식하는 양이야말로 평온, 번영, 풍요의 상징이라고 말한다. 또 어떤 이들은 곤충도 나쁠 게 없다고 말한다. 곤충이 존재해야 생물계의 다양성이 완성되기 때문이다.

지금까지 이런 자연계의 생물 특성은 인류 사회에 교묘히 결합되어 조화로운 문화를 형성해왔다. 단, 늑대의 성향이든 양의 성향이든 사회 구성체 안에서 그 도가 지나치면 분열과 멸망을 초래하기 십상이다. 가장 이상적인 조합은 혁신적인 아이디어와 경쟁의식을 갖춘 늑대 스타일, 일 처리 능력이 뛰어난 착실한 양 스타일, 영리하고 원만하며 처세에 능한 곤충 스타일이 서로 조화를 이루는 것이다.

사실, 누구나 약점을 찾을 수 없는 늑대의 강한 카리스마에 매료되기 쉽다. 양은 너무 나약하고, 곤충은 거들떠볼 가치조차 없을 만큼 미약하게 느껴지기 때문이다. 하지만 양과 곤충에게도 늑대와는 다른 장점이 분명 존재한다. 중요한 것은 어떤 환경에 처해 있느냐에

따라 때로는 장점이 단점이 되고, 단점이 장점이 되기도 한다는 사실
이다.

그러니 늑대가 되지 못하는 자신의 현실에 좌절할 필요가 없다.
나에게는 나만의 장점이 있다. 나 자신을 파악하고 나에게 가장 잘
맞는 환경만 찾는다면 누구나 최상의 능력을 발휘할 수 있을 것이다.

인맥 디자인 TIP
**남의 흉내만 내면 정체성을 잃게 되고 결국 주변 사람들마저 곁을 떠날 것
이다.**

핑계는
실패의 지름길

선택했다면

그 결과 역시 본인의 몫이다

샤오리는 직장 일이 영 재미없었다. 일도 실수투성이라 늘 팀장의 눈치를 봐야 했다. 관광학과를 나온 그녀가 재무팀에서 일하고 있으니, 어쩌면 당연한 결과인지도 몰랐다. 그렇다고 취업난 속에서 부모가 인맥을 총동원해 간신히 구해준 직장을 쉽게 그만둘 수도 없었다. 그녀의 불평은 끊이지 않았지만 결론은 늘 같았다.

"일이 너무 재미없어요. 내 적성에 맞지도 않고요. 내가 좋아하는 일을 찾아 능력을 발휘하며 멋지게 일해보고 싶어요. 하지만 내 맘대로 그만둘 수가 없네요. 부모님이 취직시켜준 곳이라……."

사실, 이런 불만을 털어놓는 사람들이 많다. 나는 이런 이들을 볼 때마다 참 이기적이라는 생각을 지울 수 없다. 겉으로 보기에 그들은 충분히 동정이 가는 상황에 놓여 있다. 그러나 실제로 그 속을 들여다보면 자신이 성공하지 못하는 그 모든 책임을 부모에게 전가하는 불효자식들이다.

능력 있는 부모일지라도 자녀가 사회에서 자기 몫을 충분히 하며 인정받기를 바란다. 여기에는 자녀에 대한 걱정을 덜고 싶은 마음도 있다. 그러다 보니 자녀가 자기 앞가림조차 제대로 하지 못하면 아무래도 안쓰러워서 도움의 손길을 내밀 수밖에 없는 게 현실이다. 종종 젊은 친구들에게 이런 질문을 받는다.

"여자 친구가 생겼는데 부모님이 반대하세요. 부모님 뜻대로 헤어져야 할까요?"

"졸업하고 일자리를 찾지 못했어요. 그런데 부모님이 제 대신 직장을 알아봐주셨어요. 제 적성과는 상관없이 말이죠. 어떻게 해야 할까요?"

이런 말을 들을 때마다 나는 그들에게 자신의 문제점을 먼저 돌아보라고 충고한다. 결혼이든 취직이든 부모가 대신 선택해주었다면 그 원인 제공자는 본인일 가능성이 크다. 물론 자신의 선택이 아니니, 실패한 원인을 부모에게 돌릴 수는 있다. 하지만 결과적으로 진짜 실패의 쓴맛을 봐야 하는 사람은 바로 자신이다. 누가 시켰든 최종 결정은 본인의 몫이고, 본인이 싫다고 하면 누구도 막을 방도가 없다. 그러니 그 결과 역시 본인이 짊어져야 한다.

우리가 실패를 자신이 아닌 외부 요인 탓으로 돌리려 한다면 핑계거리는 한도 끝도 없을 것이다.

"나만 열심히 하면 뭐해? 이 세상에는 나쁜 인간들이 너무 많아."

"주위에서 받쳐주지를 않는데 나만 잘나면 뭐해?"

"이건 내가 원해서 하는 일이 아니야. 그러니 잘될 리 없지."

"애초에 게임의 법칙이 잘못됐는데 내가 무슨 수로 경쟁에서 이길 수 있겠어?"

성공한 사람들은 이런 말을 입 밖으로 내지도 않을뿐더러 귀담아들을 가치도 없다고 여긴다. 이런 핑계는 실패한 인간들이 자신의 나태함과 무능함을 감추기 위해 내뱉는 변명거리에 불과하다.

가보지 않은 길에 대한
두려움을 버리자

한 가지 목표를 달성하기까지 얼마나 많은 준비가 필요할까?

우리가 아이였을 때를 돌이켜보자. 말 한마디 못 하고, 쓸 줄 아는 글자도 없는 무지의 상태에서 학습과 실패를 반복하며 말과 글을 배웠다. 그때는 세상의 때가 묻지 않은 시절이라 남의 눈을 의식하지도, 핑곗거리를 찾을 필요도 없었다. 오로지 배우고 고치는 과정을 통해 우리는 참 많은 것을 스펀지처럼 흡수하며 성장했다.

그런데 지금의 우리는 그때의 엄청난 에너지를 잊고 사는 것은 아닐까? 늘 이것저것 따지며 A와 B 사이에서 주저하기 일쑤니까 말이다. 우리가 걸어가는 곳이 바로 길이다. 그런데 우리는 왜 남들이 잘 닦아놓은 길만 찾으려고 안달복달하는 것일까?

좋게 시작할 수 없다면 나쁘게 시작해보는 것도 괜찮다. 처음에는 겁이 나겠지만 그것을 감추기 위해 핑계를 대고 주저할 필요는 없다. 가보지 않은 길에 대한 두려움은 누구에게나 있다. 그러나 직접 부딪쳐보기 전에는 그 일이 힘든지, 나에게 맞는 일인지 알 수 없다. 때로는 막상 부딪쳐보니 별것 아니라는 생각에 허탈해질 수도 있다.

예전에 인터뷰 요청을 받은 적이 있다. 원래 글을 쓰는 사람이다 보니 내 생각을 말로 표현하는 일이 생각처럼 쉽지 않았다. SNS에서는 모르는 사람들과 잘도 얘기하면서 실제로 낯선 사람을 보면 얼굴이 빨개지고 말도 잘 나오지 않았다.

친구의 부탁이라 인터뷰를 수락했지만 내게 맞지 않는 옷을 입은 듯 불편하기 짝이 없었다. 온몸이 화끈거리며 식은땀이 나고, 입 밖으로 나오는 소리도 내 목소리가 아닌 것처럼 어색했다. 인터뷰를 마치고 난 후에는 친구의 칭찬도 귀에 들어오지 않았다. 자칫 체면을 구기게 될까 봐 여간 걱정이 아니었다. 나중에 방송을 통해 인터뷰 화면을 보니 역시나 긴장한 기색이 역력했다. 그래도 할 말은 모두 했으니 그나마 위안이 되었다.

비록 만족스럽지 못한 인터뷰였지만 내 인생을 놓고 볼 때 그때의 경험은 실보다 득이 더 컸다. 그 일을 계기로 사람들 앞에서 긴장하는 나의 버릇을 고치기 위해 부단히 노력했고, 그 과정에서 나를 더 많이 이해할 수 있었다. 물론 이런 노력이 완벽하게 성공한 것은 아니다. 나는 여전히 많은 사람 앞에 서면 자연스럽게 행동하지 못하고 쩔쩔맨다.

그런데 이런 과정을 반복하다 보니 한 가지 깨달음이 생겼다. 글을 쓰는 일이 나의 사상을 풍요롭게 해주고 자신감과 자유로움을 안겨준다면 그것만으로 충분하지 않은가! 나는 글을 쓰는 사람이다. 그런 내가 강연 전문가처럼 말하고 행동하지 못한다고 해서 손가락질을 받거나 창피해할 이유는 없다. 긴장이 되면 그냥 긴장하도록 두면 그만이다.

이렇게 나의 단점을 있는 그대로 받아들이자 사람들 앞에서 긴장하는 일이 예전에 비해 훨씬 줄어들었다.

시행착오는
양날의 검이다

실수를 두려워할수록 핑계는 넘쳐나게 마련이다. 어떤 객관적인 조건이 받쳐주지 않아 목적을 달성할 수 없을 때, 흔한 자기방어책으로 핑계를 댄다. 그 이면에는 실수를 두려워하는 비겁한 마음이 숨어 있다.

무슨 일을 시작하든 시행착오는 매우 중요한 것이다. 영원히 실수와 담을 쌓고 살기를 원한다면 그 어떤 일도 하지 말아야 한다. 나무가 성장을 멈추면 고목이 되듯, 사람 역시 발전이 없으면 폐인이 되고 만다. 그러니 실수를 두려워해서는 안 된다. 실수를 하고 그걸 고치는 과정에서 경험이 생기고, 그 경험이 바로 부의 근원이 된다.

왜 시행착오를 양날의 검이라고 할까? 똑같은 실수를 두 번 이상 하게 되면 시행착오의 긍정적인 의미는 빛을 잃고 만다. 똑같은 상황에서 같은 일을 하다 보면 그 결과 역시 중복될 수밖에 없다.

실수를 거울 삼아 더 나은 결과로 만들어야만 비로소 성공에 한 발 더 다가설 수 있다.

같은 실수를 반복하며 혼자 잘못된 길로 계속 가지 않으려면 자기 문제를 종합적으로 분석하고 원인을 찾아 해결하는 능력을 갖춰야 한다. 연속 세 번 실연을 경험한 여자의 예를 들어보자.

그녀가 사귀는 남자 타입은 늘 똑같았고, 매번 실연의 아픔이 반복되었다. 지금 그녀에게 필요한 것은 무엇일까? 당장 종이와 펜을 꺼내 그간의 연애사를 되돌아보며 자신에게 던질 질문을 하나하나 정리해보는 일이다.

'나는 왜 늘 똑같은 타입의 남자를 선택하는 걸까?'

'나에게 심리적으로 어떤 문제가 있는 걸까?'

'교제 과정에서 나의 어떤 점과 상황이 남자를 질리게 만들었을까?'

'남자들은 언제부터 나를 냉담하게 대하기 시작했을까?'

'어느 정도 사귀었을 때 그 사람이 나를 멀리하기 시작했을까?'

'그 사람은 나의 어떤 점이 불만이었을까?'

이런 질문에 객관적으로 솔직하게 대답하고, 그 원인을 분석할 수 있어야 똑같은 실수를 더 이상 반복하지 않을 수 있다.

학습, 분석, 판단, 종합. 이것이 뒷받침되지 않는다면 또 다른 남자를 사귀어도 결과는 늘 똑같을 수밖에 없다. 실수를 하고도 성장하지 못한다면 그 실수는 헛된 수고에 지나지 않는다.

잘못을 인정하고 고치는 당신이
더 아름답다

실수를 했을 때 핑계를 찾는 이유는 대부분 '체면' 때문이다. 그런데 체면이라는 것이 그만큼 중요할까? 성공한 사람일수록 체면보다는 객관적 사실에 더 가치를 둔다.

투자의 귀재 조지 소로스는 어떤 식으로 실수를 받아들였을까? 그는 인간의 천성은 완벽하지 않고 지식에도 한계가 있기에, 누구나 쉽게 실수를 저지를 수 있다고 여겼다. 그래서 실수를 하고 그것을 인정하며 고치는 과정이 지속적으로 반복되어야 한다고 믿었다.

투자를 할 때 실수는 분명 걸림돌이지만 때로는 성공의 근원이 되기도 한다. 그는 인터뷰에서 이런 말을 한 적이 있다.

"나는 잘못을 인정할 용기가 있습니다. 내가 실수했다고 느꼈을 때 곧바로 고치는 게 내 사업에 훨씬 도움이 되니까요. 내 성공은 정확한 예측과 투자 덕분이라기보다는 이렇게 실수를 인정했기 때문에 가능했습니다."

그렇다면 우리의 경우는 어떨까? 일을 하고 사람과 교류하는 과정에서 실수가 있었는지 판단하는 일은 그리 어렵지 않다. 그런데 우리는 실수를 인정하지 않음으로써 인위적으로 일을 더 복잡하게 만드는 2차 실수를 또 저지르고 만다. 객관적인 이유나 핑계를 찾아 체면을 지키려 하지만 도리어 자신의 한계를 노출시킬 뿐, 결과적으로 체면을 더 구긴다. 바른길로 갈 가능성마저 차단해버리는 꼴이 되고 마는 것이다.

누구나 실수할 수 있다. 경험이 아무리 풍부한 사람도 예외가 아니다. 모든 일에는 변수가 존재하고, 인간은 누구나 자기 입장에 맞춰 유리하게 정보를 여과하는 습성이 있기 때문이다. 소로스 역시 실수를 하는 평범한 인간이었지만, 그는 실수를 무마하기 위해 핑계를 대는 법이 없었다. 그가 이런 말을 했다.

"실수를 인정하면 어떤 장점이 있는지 아세요? 무뎌지는 판단력을 자극해 자신의 결정을 다시 한 번 돌아보고 고칠 기회가 생깁니다. 저는 실수를 인정하는 것이 전혀 부끄럽지 않습니다. 게다가 그 덕에 지금의 내가 있으니까요."

때로는 체면을 내려놓아야 비로소 진짜 체면을 세울 수 있다.

예전에 지인 회사에서 박사를 한 명 채용했다. 지인은 박사와 함께 일할 수 있다는 기대감으로 잔뜩 들떠 있었다. 채용 인터뷰를 통해 본 그녀의 인상이 무척 좋았고, 말투나 태도 또한 매우 마음에 들었기 때문이다. 그런데 그런 기대감은 그리 오래가지 못했다. 그녀는 늘 잘난 척을 하며 오만하게 굴었다. 그러니 동료들도 점점 그녀를 멀리하기 시작했다.

어느 날 부서에서 중요한 손님을 접대할 일이 생겼다. 지인은 그녀에게 음식점을 예약해달라고 부탁했다. 그녀는 서둘러 나가더니 한참 후 가쁜 숨을 몰아쉬며 다시 사무실로 들어섰다. 알고 보니 전화로 하면 될 일을 직접 음식점까지 찾아가 예약을 하고 돌아온 것이었다. 보다 못한 지인이 그녀에게 충고했다.

"다음번에 이런 일이 또 생기면 동료들에게 근처 음식점 전화번호를 알려달라고 하세요. 전화 한 통이면 예약이 되니까."

그러나 그녀는 절대 자신의 실수를 인정하지 않았다.

"나 혼자 충분히 할 수 있는 일인데, 왜 남을 귀찮게 해야 하죠? 전 지금까지 늘 혼자 힘으로 문제를 해결해왔어요."

이 말을 듣는 순간, 지인은 두 손 두 발 다 들고 그 대단한 '인재'의 단점을 고쳐보겠다는 생각을 아예 포기해버렸다.

인맥 디자인 TIP

실수를 인정하고 고치는 일을 두려워하지 말라. 이런 치열한 노력의 과정을 거치지 않으면 운도 따라주지 않는다.

CHOICE

짧은 판자를 버리는 것은
구원이다

나무판자로 만든 나무통에 담을 수 있는 물의 총량은 나무판자의 길이에 의해 결정된다. 만약 그중 하나라도 길이가 짧으면 다른 판자의 길이가 어떻든 짧은 판자의 높이까지가 나무통에 담을 수 있는 물양의 한계다. 즉, 이 짧은 판자가 나무통 물 양의 '제한 요소'가 되는데, 이를 '나무통 법칙'이라고 부른다.

나무통의 물 양을 늘리고 싶다면, 당연히 짧은 나무판자를 긴 것으로 바꾸거나 혹은 길게 이어 붙여야 한다. 그런데 간혹 이 '나무통 법칙'이 오용되는 경우가 있다. 바로 자신이 갖춘 조건 중 성격을 '짧은 판자'라고 생각하는 것이다. 이런 착각에 빠진 사람은 무조건 그 성격을 '긴 판자'로 바꿔야 좋은 인맥을 얻을 수 있다고 여긴다. 예컨대 내성적인 사람이 굳이 외향적인 성격으로 자신을 바꾸려고 드는 경우가 그렇다.

하지만 이는 잘못된 생각이다. 만약 자신의 성격이 '짧은 판자'라고 생각된다면 그런 생각 자체를 버려라. 가령 외향적이고 활동적인 성격의 사람이 매일 사무실에 앉아 서류만 보는 일을 한다면 진짜 바꿔야 하는 것은 직업이지 성격이 아니다. 게다가 지난 몇 십 년간 형성된 성격을 하루아침에 바꾸는 일은 거의 불가능하다.

세상에 완벽한 성격은 없다. 인맥을 제대로 관리할 줄 모르는 성격 역시 딱 정해져 있는 것은 아니다. 누구나 자신만의 인맥을 가지고 있다. 다만, 그것을 관리하는 방법에 차이가 있을 뿐이다. 아무리 마당발일지라도 모든 사람과 끈끈한 인맥을 유지할 수는 없다. 그래서 인간관계의 깊이는 그 사람의 성숙한 됨됨이를 알 수 있는 근거가 되기도 한다.

좋은 인맥을 형성하기 위해서는 차이를 인정하고, 맞춤형 관리를 해야 한다. 자신과 밀접한 관련이 있는 사람은 일급관리 대상으로 삼고, 친구가 될 마음은 없지만 멀리하면 업무상으로 아쉬운 사람은 정기적인 관리 대상으로 분류하는 것이다. 무엇보다 누구나 다 나를 좋아할 거라는 망상을 버려야 한다. 이런 판단력조차 없다면 이상적인 인맥을 디자인하는 일은 불가능할 것이다.

중국의 유명 방송인 바이옌쑹이 이런 말을 했다.

"중국인이라면 누구나 판다를 좋아할 겁니다. 하지만 나는 모든 중국인이 판다를 사랑하듯 저를 사랑해줄 거라고 생각한 적은 없습니다."

흥미로운 점은 판다도 모든 이에게 사랑받지는 못한다는 사실이다. 실제로 내 지인 중 몇몇은 판다가 뚱뚱하다는 이유로 싫어한다. 이럴진대 하물며 유한한 자원 안에서 생존과 발전을 도모해야 하는 인간인 우리는 어떻겠는가?

그렇기에 다른 사람이 나를 좋아하도록 만드는 것을 삶의 목표로 삼을 수는 없다. 무엇보다 내가 하고 싶은 일이 있다면 남들의 눈을 두려워해서는 안 된다. 남의 눈치를 보느라 나의 성격을 죽이고 의지를 꺾을 필요는 없다. 일관성 있게 행동한다면 결국 모두가 있는 그대로의 나를 받아들일 것이다.

포장된 가식은
언젠가 벗겨진다

성격이 불같은 친구가 한 명 있었다. 그는 회사에서도 마음에 들지 않는 일이 생기면 물불 안 가리고 큰 소리로 화를 냈다. 상식적으로 볼 때 이런 사람이 곁에 있으면 다들 멀리하고 뒤에서 욕하는 게 정상이다. 그런데 이 친구는 달랐다. 그는 모든 동료와 원만한 관계를 유지했다. 보통 말을 거칠게 하는 사람은 공공의 적이 되기 십상인데, 이 친구의 경우에는 해당되지 않았다. 그의 주변 사람들이 가장 흔히 하는 말은 이것이다.

"성격이 불같지만 익숙해져서 괜찮아요."

이 말을 들으면서 나는 '다들 상대의 단점을 있는 그대로 받아들이고 적응하며 자신을 변화시켰구나' 하는 생각이 들었다.

물론 이것은 어느 정도 존중이 뒷받침되어야 가능한 일이다. 그리고 존중은 실력에서 나오는 것이지, 연기로 얻을 수 있는 게 아니다. 실제로 이 친구는 늘 주도면밀하고 노련하게 일 처리를 해서 종종 '백조'에 비유되곤 했다. 백조처럼 고개를 꼿꼿이 들고 우아한 모습으로 물 위에 떠 있지만 물밑에서는 끊임없이 자맥질을 하며 자신의 발전을 위해 노력한다는 의미였다. 어쩌면 이런 내실이 다져져 있었기에 거침없이 자신을 표현하는 당당함이 생겼는지도 모르겠다.

반면, 나를 감추고 남들처럼 살아가는 사람은 언젠가 그 본색을 드러내게 되어 있다. 속은 오만함으로 가득 차 있어도 겉으로 겸허한 척하기는 쉽다. 그러나 시간이 지나면 그 '가식'을 들키는 순간이 분명히 온다.

사람과 사람의 만남은 진실의 고리 없이는 오래 유지될 수 없다. 그러니 상대방을 억지로 바꾸려 들거나 반대로 상대방에게 휘둘리면서 자신을 꿰맞추려고 해서는 안 된다. 본래 사람마다 개성과 원하는 바가 다르기 때문에 억지로 바꾸려 하면 할수록 지치고 화가 쌓이게 된다. 결국 마음만 조급해질 뿐 상대의 마음은 조금도 얻을 수 없다.

자신의 성격을 굳이 타인에게 맞춰 바꾸기보다 상식을 벗어나지 않는 선에서 조절하고 맡은 자리에서 최선을 다해보자. 진심이 통하면 결국 모두 나의 성격을 있는 그대로 수용해줄 것이다.

　샤오린은 그동안 늘 최선을 다해 동료들을 도와주었다. 그런데 어느 순간부터 다들 고마워하기보다는 당연하게 받아들이는 것 같아 힘이 빠지고 의욕도 생기지 않았다. 처음에는 자신의 성격에 문제가 있는지, 동료들을 도와주는 것이 과연 잘하는 일인지 반성도 해보았다.

　하지만 이것은 문제 해결에 전혀 도움이 안 되는 잘못된 접근법이다. 사실, 이 문제의 진짜 핵심은 자신이 어떤 사람인지 제대로 파악하지 못했다는 데 있다. 그녀가 진심으로 남을 돕고 싶어 나선 것인지, 아니면 내키지 않는데 억지로 도운 것인지 명확히 구분할 필요가 있다.

　그렇다면 샤오린이 동료를 돕게 된 동기는 무엇이었을까? 남을 도우면 결국 내가 행복해진다고 말하는 사람이 많다. 나 역시 이 말을 부인하지 않는다. 상식적으로 볼 때 내 배가 부른 상태에서 내가 가진 여유를 남과 나눌 수 있다는 것은 분명 행복한 일이다. 그러나 내 배를 채우기도 전에 가진 것을 쪼개 남을 돕는다면 그 뒤에는 분명 다른 이유가 숨어 있게 마련이다. 이 상황에서 칭찬이든 보상이든 상응하는 대가가 따라주지 않으면 기대가 컸던 만큼 실망과 분노도 커질 수밖에 없다.

　물론 천성적으로 베풀고 도와주기를 좋아하는 사람이 분명 있다. 그러나 자신이 그런 사람이 아니라면, 내가 힘든데도 남을 돕기를 즐기는 사람처럼 억지 위선을 떨어서는 안 된다. 진심으로 남을 돕고 싶어 나선 사람이라면 그 결과에 연연하는 일도 없을 것이다. 이런 사람들에게 남을 돕는다는 것은 물을 마시고 숨을 쉬는 것처럼 자연스러운 일이다. 아마 그들은 동료에게 도움을 줬다는 사실조차 잊을 만큼 이미 그 일을 통해 충분히 기쁨을 누렸을 것이다.

샤오린의 경우 직장에서의 우선순위는 자기 업무다. 일단 그 일을 완벽하게 해낼 정도의 능력을 갖추고 나서 여력으로 동료를 도왔다면 문제는 달라진다. 경험도 쌓을 수 있고, 뭔가를 원해서 한 일이 아니니 고마워하지 않는 동료에게 원망이 쌓일 리도 없다. 반면, 자기 일도 제대로 해내지 못하면서 남을 도왔다면 이처럼 무책임한 경우도 없다. 설사 상대방에게 고맙다는 말을 듣는다 해도 진심어린 인정을 받기 힘들다.

남의 도움을 받아도 모자랄 판에 나를 과시하고 싶어 남을 돕는 것처럼 꼴사나운 행동도 없다. 더구나 그런 무리수를 던지지 않아도 자신의 장점을 드러낼 방법은 얼마든지 있다. 약속을 잘 지키는 것이 나의 강점이라면 이것만으로도 충분히 모두의 존중을 이끌어낼 수 있다.

나의 장점을 파악하여
적극 활용해보자

좋은 인맥을 만들기 위해 자신의 성격과 전혀 맞지 않는 사람을 상대로 성격을 바꿔보려고 애쓰는 이가 많다. 이것은 결코 바람직한 방식이 아니다.

자신을 잘 파악하고 있는 사람일수록 자신과 맞지 않는 성격을 누구보다 잘 알뿐더러 친하게 지내기 위해 억지로 애쓰지도 않는다. 때로는 서로의 다름을 인정하기 때문에 도리어 더 편하게 지내기도 한다.

말이 없고 내성적인 샤오진은 회사 내에서 샤오후이와 가깝게 지냈다. 부서에 여직원이 둘뿐이다 보니 자연스럽게 더 신경 쓰고 챙겨 주는 사이가 된 것이다. 그런데 둘의 성격은 극과 극이었다. 샤오후이는 무척 외향적이고, 상대방의 모든 것을 자신이 다 알고 있어야 직성이 풀렸다. 그래서 샤오진의 일거수일투족을 신경 쓰고 캐묻기를 즐겼다. 샤오진은 그런 점이 늘 불편했지만 그녀와의 관계를 망치고 싶지 않아 무조건 맞춰줄 수밖에 없었다. 하지만 그런 일이 반복될수록 샤오진은 자신의 판단이 잘못됐다는 생각이 들기 시작했다. 무조건 그녀에게 맞춘다고 해결될 문제가 아니었다.

샤오진이 팀장실에 불려 들어갔다 나오면 샤오후이는 집요하게 달라붙어 무슨 얘기를 했는지 꼬치꼬치 캐물었다. 샤오진은 별로 말하고 싶지 않아도 괜히 관계가 어색해질까 봐 그러지도 못했다. 이런 일이 반복되다 보니 나중에는 묻지 않아도 먼저 털어놓는 습관까지 생길 정도였다.

어느 순간 샤오진은 자신이 자아를 잃고 샤오후이의 조종을 받는 꼭두각시가 된 것만 같았다. 어쩔 수 없이 그녀는 샤오후이를 멀리하기로 결심했다. 샤오후이가 팀장과 무슨 얘기를 했느냐고 물어도 냉정하게 입을 열지 않았다. 그리고 그때부터 샤오진은 마치 자유를 얻은 듯 속이 다 후련해졌다.

　　모든 사람이 다 친구가 될 수는 없다. 서로 안 맞는 사이인데도 굳이 맞추기 위해 안간힘을 쓸 필요는 없다. 만약 샤오진이 속에 있는 말을 모두 쏟아내야 직성이 풀리는 외향적인 성격이었다면 샤오후이의 지나친 간섭을 사생활 '침범'으로 느끼지 못했을 수도 있다. 극과 극의 성격은 결국 멀어질 수밖에 없고, 가까워지기 위해 애를 쓸수록 서로에게 상처만 될 뿐이다.

인맥 디자인 TIP
완벽하지 않은 자신을 이해하고 받아들여야 자신감을 찾을 수 있다.

나와 남을 이해하고 싶다면
일기를 쓰자

관찰력이
세상을 바꾼다

"자신이 관찰을 잘한다고 생각하나요?"

이런 질문을 받는 사람 중에 누군가는 이렇게 되물을지 모른다.

"당연하죠. 눈만 있으면 가능한 일인데. 안 그래요?"

하지만 무언가를 응시하는 것만으로는 관찰이라 할 수 없다. 내가 어떤 사람을 쳐다본다고 해서 그의 변화나 표정을 꼼꼼히 기억하고 습관까지 꿰뚫을 수는 없기 때문이다. 실제로 일상생활에서 우리가 보는 모든 것이 관찰로 연결되는 경우는 드물다. 특별한 목적이 없는 한 말이다. 하지만 조금만 신경 써서 관찰하면 상대방의 성격을 간파할 단서가 보인다.

마작을 두는 네 사람을 예로 들어보자. 편의상 이들을 갑, 을, 병,

정이라고 하자. 그들의 플레이를 자세히 보면 각기 다른 네 가지 타입의 성격을 발견할 수 있다.

갑은 굳은 표정으로 마작을 두다가 이길 것 같으면 입꼬리가 올라간다. 즉, 그는 결과를 중시할 뿐 과정을 전혀 즐기지 않는 타입이다. 을은 마작을 두면서 이런저런 이야기를 많이 한다. 그는 누가 명품가방을 샀고, 요즘 어떤 스타일의 옷이 유행하는지 등 잡다한 주제를 끌어내 모두와 소통하는 시간을 즐기는 타입이다. 병은 '왜?'라는 질문을 즐겨 한다. 그는 이기고 지는 것에는 그다지 관심이 없지만 결과에 이르기까지 과정이 어떻게 진행되었는지 꼼꼼히 체크하는 타입이다. 정은 평상시 마작을 별로 좋아하지 않다가 최근 들어 갑자기 마작을 두는 빈도가 높아졌다. 그런데 오른손잡이인데도 패를 움직일 때마다 굳이 왼손을 사용해서 손가락에 낀 큰 다이아몬드 반지를 내보인다. 즉, 그는 '과시욕'이 무척 강한 타입이다.

이런 세세한 관찰 속에서 당신은 단지 주의 깊게 보는 것만으로도 그들의 속내에 가까이 다가갈 수 있다.

그렇다면 관찰의 내공을 높이는 방법이 따로 있을까? 주변의 모든 것을 눈에 담는다고 그 전부를 기억하고 세세히 분석하기란 힘들다. 다만, 오늘 나의 일상과 행동을 꼼꼼히 일기로 기록하면 무심코 지나칠 수 있는 부분도 다시 한 번 더 돌아보게 된다. 그러다 보면 관찰력과 사람에 대한 이해가 자연히 높아진다. 이때 관찰력은 내가 보는 세상을 바꾸는 힘을 발휘한다. 타인에 대한 관찰력이 섬세해질수록 내가 보는 세상도 점점 또렷하게 그 모습을 드러낼 것이다.

시간 역시 자원이다. 누구에게나 유한하므로 어떤 의미에서는 금보다 더 귀한 자산이다.

가난한 사람은 눈앞의 이익과 손해에 목맬 뿐 시간의 가치 따위는 안중에도 없다. 예를 들어 시장에서 배추를 다른 곳보다 더 비싸게 주고 산 사실을 알았을 때, 그들은 아주 작은 손해에 화를 내며 온종일 그 생각에서 빠져나오지 못한다. 이것이 바로 가난한 사람들이 시간을 대하는 전형적인 태도다. 가난한 사람이 시간을 쓰는 목적은 너무 단순하다. 그들은 몇 푼 안 되는 돈을 손해 보지 않기 위해 늘 전전긍긍하며 가난의 끈을 놓지 못한다. 반면, 부자는 시간을 허투루 쓰는 법이 없어서 단 1분이라도 가치 있는 일에 쓸 줄 안다.

시간과 돈은 상호 전환이 가능한 자원이고, 서로 반비례한다. 교통수단을 예로 들어보자. 돈을 절약하려면 버스를 타거나 그냥 걸어가면 된다. 그러나 시간을 절약하고 싶다면 버스비의 몇 배에 해당하는 돈을 내더라도 택시를 잡아타야 한다.

인터넷을 보면 연예계 기사들이 넘쳐난다. 그중 꼭 빠지지 않는 단골 기사 중 하나가 바로 떴다고 어느새 '스타병'에 걸린 연예인 이야기다. 기자들은 그런 스타를 인터뷰하기가 하늘의 별 따기만큼 어렵고, 팬들은 어렵게 만난 스타에게 사인이라도 받고 싶지만 뒤통수를 보는 걸로 만족해야 한다.

객관적인 관점으로 보면 무조건 스타만 비난할 수도 없다. 시간의 가치는 사람에 따라 다르기 때문이다. 세계적인 갑부 빌 게이츠에게 시간은 돈이다. 그의 행보에 따라 어마어마한 액수의 돈이 함께 움직인다. 그러다 보니 후진국의 대통령이 그를 한 번 만나려면 미리 예약을 해야 할 정도다.

이렇듯 시간을 인생에서 가장 중요한 자원으로 삼지 않는다면 성공은 꿈도 꾸지 말아야 한다. 그렇다면 하루의 시간을 어떻게 썼는지 정확히 계산할 수 있을까? 사실, 하루 동안 어떻게 시간을 보냈는지 제대로 신경 쓰지 못하는 경우가 허다하다. 그런데 일기를 쓰는 습관을 들이면 상황은 달라진다. 하루 일과를 꼼꼼히 기록하면서 시간의 쓰임새를 계산할 수 있게 되는 것이다.

예를 들어 일기에 고작 몇 푼 손해 보고 물건을 산 것 때문에 하루 종일 억울해하고 골치가 아팠던 사실을 기록해보자. 일기를 쓰지 않으면 지난 시간을 돌이켜보고 자신을 반성하는 시간을 갖지 못할 수 있다. 하지만 일기를 쓰다 보면 생각지도 못한 깨우침을 얻을 수 있다. 고작 몇 푼 때문에 온종일 화를 내면서 소중한 하루의 시간을 가치 없이 흘려보낸 자신의 모습이 객관적으로 눈에 들어오기 때문이다.

또한 일기를 통해 자신이 주말마다 빨래, 청소 등 똑같은 일을 반복하며 시간을 보내왔다는 사실을 새삼 깨달을 수도 있다. 이런 규칙적인 일상의 반복을 알아챘다면 시간의 투입과 산출의 비율을 되돌아봐야 한다. 하루의 가치를 300위안으로 정하고, 하루 동안 빨래를 하는데 20위안의 가치가 든다고 가정해보자. 그럼 빨래만 하며 하루를 보낼 경우 280위안에 해당하는 시간의 가치를 잃게 된다. 차라리

100위안을 들여 세탁소에 빨래를 맡기고 남는 시간을 최대 효율을 낼 다른 곳에 투자하는 것이 훨씬 바람직하다.

이제부터라도 일기를 쓰고 하루의 시간을 얼마나 잘 활용했는지 체크해보자. 시간은 최대 효율과 이익을 낼 곳에 투자해야 한다. 내가 잘할 수 없고, 시간 대비 이익을 창출할 수 없는 일이라면 나보다 더 잘하는 사람에게 맡기는 게 낫다. 돈으로 시간을 사는 것은 자신의 생명을 연장하는 것과 같다.

부자 친구의 시간관리를 위해
내 아까운 시간을 써야 할까?

돈이 많은 친구라고 해서 아무 대가 없이 베풀 거라는 착각은 버려라. 이익을 좇고 손해 보는 것을 싫어하는 게 인간의 본성이다.

창둥은 어릴 때부터 알고 지내던 선룬과 결별했다. 어려울 때 그를 도와준 친구와 연을 끊는 일이 결코 쉽지 않았다. 하지만 더 이상 그 고마운 마음 때문에 선룬의 부탁을 거절하지 못하고 질질 끌려다닐 수 없었다.

선룬은 해외로 이민을 간 친척의 도움을 받아 대형 쇼핑몰을 열었고, 사업이 날로 번창하면서 자연히 인맥도 넓어졌다. 그의 인맥은 세일즈를 하는 창둥에게 보석 밭이나 다름없었다. 선룬 역시 그를 위해 고객을 연결해주는 일을 마다하지 않았다. 창둥은 그런 선룬의 배려가 너무 고마워서 그가 자신을 필요로 할 때면 열일 제쳐놓고 무조건 달려가 도움을 주었다.

어느 날 창둥의 휴대전화로 선룬이 보낸 문자메시지가 도착했다.

'일이 생겼어. 이쪽으로 좀 와 줘!'

때마침 고객을 만나고 있던 창둥은 메시지를 확인하는 순간 만사 제쳐놓고 그에게 달려갔다. 그 순간만큼은 고객도 눈에 들어오지 않았다. 그런데 서둘러 도착한 그의 사무실은 텅 비어 있었고, 전화를 해도 받지를 않았다.

두 시간쯤 흘렀을 때 선룬이 사무실 문을 열고 들어섰다. 그를 보자마자 창둥은 화를 내기는커녕 도리어 걱정스러운 듯 물었다.

"괜찮아? 무슨 일인데 그래?"

그런데 선룬의 태도는 너무나 태연했다. 아무 일 없다는 듯 웃는 그의 표정을 보자 창둥의 심기가 불편해졌다.

"별일 아냐. 아까 고객한테 전화를 받았는데 골프를 치고 싶다고 하잖아. 그 순간 네가 생각나서 연락한 거야. 네 실력이 나보다 낫잖아. 안 그래? 근데 그 사람이 갑자기 생각이 바뀌었는지 다른 곳에 가자고 해서 나갔다 오는 길이야. 전화기 가져가는 걸 깜박해서 연락을 못 했네. 미안!"

이런 일이 한두 번이 아니었다. 창둥은 잔뜩 굳은 표정으로 뒤도 돌아보지 않은 채 선룬의 사무실을 나왔다.

이 일을 계기로 창둥은 자신과 선룬의 관계를 냉정히 돌아보게 되었다. 그리고 자신이 그동안 상당히 피동적인 입장이었다는 사실을 깨달았다. 선룬은 성공한 사업가답게 시간을 목숨처럼 여기며 철

두철미하게 관리했다. 상대방이 약속 시간을 넘기면 5분 이상을 기다리는 법이 없을 정도였다.

하지만 선룬은 자신의 시간만 중요했지, 창둥의 시간 따위는 안중에도 없었다. 그는 자기 마음대로 창둥의 하루 일과를 좌지우지하며 자신의 뒤치다꺼리나 하도록 만들었다.

창둥은 자신의 심리 상태를 객관적으로 분석해보았다. 선룬은 분명 부자고, 자신을 도울 능력이 충분한 친구가 맞다. 다만, 그는 시간을 투자할 가치가 있는 일이 아니라고 판단되면 그 자질구레한 일을 모두 창둥에게 떠넘겼다. 그 결과 창둥은 자신을 위해 투자해야 할 시간을 온통 선룬에게 빼앗긴 채 남의 인생을 살아가는 꼴이 되고 만 것이다. 이 악연을 끊는 길은 절교밖에 없었다.

'그 자식이랑 절교한다고 해서 아쉬울 것 없어. 나도 내 힘으로 일어서야지, 언제까지 남의 그늘에서 살 수만은 없잖아. 당장은 고객이 줄어들겠지만 겁먹지 말자. 이제 내 힘으로 일어설 때가 됐어. 그 친구에게 의지하면 내 인생은 영원히 저당 잡힌 채 발전이 없을 거야. 단단히 마음먹고 내 시간을 온전히 나를 위해 투자해보자.'

부자들은 하나같이 시간을 귀하게 여긴다. 그들은 돈으로 해결할 수 있는 일에 굳이 시간을 낭비하지 않는다. 밥과 청소는 가정부를 시키고, 세탁물은 세탁소에 맡기면 그만이다. 그리고 남는 시간을 더 많은 부를 창조하는 일에 투자한다.

만약 당신에게 이런 잡다한 문제를 해결할 경제적 능력이 없다면 어떻게 될까? 상당히 많은 시간을 그 일에 투자해야 하는 악순환이 불가피해질 것이다. 결국 가난한 사람은 갈수록 가난해지고, 부자는 갈수록 부자가 되는 패턴이 계속된다.

가난에서 벗어나고 싶다면 당연히 시간을 귀하게 여기는 것에서부터 시작해야 한다. 우선 매일의 일상을 일기로 기록해보자. 누가 나의 시간을 함부로 점령하고 있는지의 판단 근거가 되어줄 것이다. 만약 그런 친구가 있다면 이제 남은 일은 선택의 시간을 갖는 것뿐이다. 계속 나의 아까운 시간을 그의 성공을 위해 쏟아부을 것인지, 아니면 나의 성공을 위해 투자할 것인지……. 이때 판단이 잘 서지 않는다면 이 말을 떠올려보자.

'그의 돈은 내 것이 절대 될 수 없지만 나의 시간만큼은 온전히 나에게 속해 있다.'

일기로
나의 영향력을 마케팅하자

세상에서 가장 알기 어려운 상대는 바로 자신이다. 일기는 자신을 이해하는 매개체인 동시에 자신의 영향력을 마케팅하는 수단이다. 중국에는 이런 말이 있다.

'레이펑을 본받자!'

레이펑은 항상 남을 도와주는 일에 솔선수범하다 공무수행 중 사망한 인물이다. 그가 죽은 후 마오쩌둥은 그를 본받자는 말을 남겼고, 이때부터 레이펑은 기꺼이 남을 돕는 사람의 대명사가 되었다.

지금 나는 이 말을 이렇게 바꿔보고 싶다.

'레이펑을 본받아 일기를 쓰자!'

사실, 당시 군대에서 남을 돕던 군인이 레이펑 한 명만은 아니었다. 그런데 왜 유독 레이펑만 부각되었을까? 그가 쓴 일기 덕분이었다. 그의 일기를 통해 그가 어떻게 사람들을 돕고 행복을 전해줬는지가 세상에 알려진 것이다. 레이펑의 일기는 일상의 기록인 동시에 다른 사람이 그를 이해하는 통로가 되어주었다.

우리 역시 업무, 학습, 성장, 일상 등 다방면에서 자신의 기록을 귀중한 자료로 남길 수 있다. 이 기록을 통해 우리가 풋내기에서 노련한 프로로 바뀌어가는 모든 과정을 한눈에 확인할 수 있다. 업무일지를 예로 들어보자. 자신의 업무일지를 훑어보는 것만으로도 신입사원이 어떤 점을 어려워할지, 그 문제를 어떤 방법으로 해결해야 할지 알 수 있다. 또한 전반적인 업무 패턴을 파악하고 문제점을 찾아내 긍정적으로 발전시킨다면 상사와 동료들에게 인정받으며 회사에 꼭 필요한 직원으로 거듭날 수 있다.

인맥 디자인 TIP

시간은 돈이다. 자신의 시간을 고객과 회사를 위해 팔고 그에 상응하는 대가를 받았다면 이 또한 자신을 위한 투자의 결실이다. 하지만 친구의 작은 호의와 내 시간을 맞바꾸는 일은 하지 말아야 한다. 이것은 인생을 송두리째 저당 잡히는 일이 될 수 있다. 즉, 투자 대비 손해가 너무 큰 일은 피해야 한다.

말과 행동이
나의 브랜드 가치를 결정한다

벤츠는

품격이다

어느 정도 경제력이 뒷받침되는 상황에서 차를 산다면 어떤 차를 선택하게 될까? 이때 중요한 요인으로 작용하는 것이 바로 브랜드 파워다. 브랜드는 그것을 손에 넣은 사람에게 즐거움을 주는 동시에 가치 증식이 가능한 무형의 자산을 제공한다.

개인에게도 브랜드의 개념이 적용된다. 개인이라는 브랜드는 여기저기 광고를 하거나 자체 평가를 통해서가 아니라 타인을 통해 얻을 수 있다. 우리의 이름이 자신에게 속하기는 하지만 다른 사람의 입을 통해 사용되는 것처럼 말이다.

개인 브랜드의 이미지를 만드는 복잡 미묘한 역학관계가 때로는 잘못된 생각을 불러일으키기도 한다. 이것이 단지 사회적으로 성공한 사람들에게만 해당되는 일이라고 여기는 것이다. 이런 생각은 옳지 않다. 세계적인 저명인사들이 처음부터 유명했겠는가? 그들 역시 아무도 알아주지 않던 시절이 있었다.

만약 개인 브랜드가 없으면 동종업계에 종사한 기간이 아무리 길어도 순조롭게 성공하기 어렵다. 고객을 만날 때, 업무를 처리할 때 타인의 신임을 얻지 못하면 일 처리에 걸림돌이 많아지고, 일의 지속성을 유지하기가 힘들다. 약간의 시간을 투자해 자신의 브랜드를 만들고 지속적으로 그 가치를 상승시킨다면, 그 브랜드 파워만으로도 인정받고 모든 일이 순조롭게 풀릴 가능성이 크다. 인맥이 넓을수록 일이 잘 풀리는 것도 이런 이유 때문이다.

벤츠를 예로 들어보자. 벤츠는 BMW, 도요타와 차별화되는 고유의 특징을 가지고 있다. 이 브랜드는 벤츠를 타는 사람에게 성공한 사람의 품격을 선사한다. 그래서 이런 '과시형 소비'를 원하는 소비자라면 누구나 고민할 필요도 없이 벤츠를 선택한다.

사람 역시 마찬가지다. 한 업계에서 쌓아올린 좋은 이미지와 평가는 미래의 순탄한 길을 보장하는 도약판이다. 강렬하고 확실하게 부각되는 개인 브랜드의 긍정적 이미지가 만들어지면 그 사람을 떠올리는 순간 그 이미지가 동시에 매치되는 효과를 얻을 수 있다. 타인의 마음속에 각인된 나의 가치, 즉 능력은 제2의 자아이다. 이것이 곧 새로운 기회의 문을 여는 열쇠가 된다.

타인이 어떤 일을 하려고 할 때 가장 먼저 나를 떠올린다면 그 분야에서 내가 남들보다 절대 우위를 점하고 있다는 또 다른 방증이다. 이렇게 인맥의 고리가 계속 연결된다면 오늘보다 나은 미래가 분명 우리를 기다릴 것이다.

한마디로
이미지를 정의하자

    동료, 친구들은 나를 한마디로 어떻게 표현할까? 나 역시 친구들을 한마디로 어떻게 정의할 수 있을까? 상대방에게 특정 라벨을 붙이는 듯한 이 행위의 옳고 그름을 떠나서 이 자리에서는 그 합리성만을 분석해보고자 한다.

    빠르게 돌아가는 현대사회 속에서 사람들은 상대방의 특징을 딱하나의 틀 안에 가두어놓고 발 빠른 이해와 분석을 시도한다. 당장자신을 한마디로 평가해보라고 하면 과연 쉽게 말이 나올까? 평상시에 생각해본 적이 없는 문제이다 보니 난이도가 꽤 높은 편이다. 그럼 예를 바꿔서 이직을 위해 헤드헌터에게 간략하게 자기소개를 해야 한다면 어떤 식으로 말해야 할까? 아마 이런 대답이 가장 많을 듯싶다.

    "이전 직장에서 늘 성실하고 적극적으로 일을 해왔고……."

    사실, 이것만으로는 본인의 상품가치를 높이거나 강렬한 인상을 남기기에 역부족이다. 자기소개를 할 때 직장과 사회에 꼭 필요한 능력자로 인식되고 싶다면 자신을 '한마디로 정의'하는 기교를 터득해야 한다. '한마디 정의'의 장점은 바로 간단명료함이다. 단순할수록 쉽게 기억될뿐더러 파급력 또한 크다.

만약 스스로 그 말을 찾아내지 못하면 상대방이 먼저 자기 편할 대로 나를 규정해버리는 수가 있다. 예컨대 사무실에서 집에 전화를 걸어 수다 떠는 모습을 동료들이 본다면 나를 어떻게 생각할까? 아마 '공사 구분도 못 하는 사람'으로 낙인이 찍힐 것이다. 그리고 이렇게 한 번 각인된 선입견은 쉽게 깨지지 않을 것이다. 반면, 강점을 부각시켜 이미지를 만들고, 가장 간결한 언어로 그것을 포장한다면 직장 내에서 확실한 자신의 역할을 각인시킬 것이다.

기자 채용 인터뷰를 앞둔 친구가 조언을 구하러 나를 찾아왔다. 그의 이력서의 자기소개서 첫 줄에 이런 글귀가 눈에 들어왔다.

'저는 세상을 꿰뚫어보는 눈을 가지고 있습니다.'

솔직히 너무 평이하고, 상대방의 시선을 확 잡아끌 정도의 문구가 아니었다. 이런 말은 누구나 할 수 있다. 남과 차별화될 만한 특징을 보여주고 싶다면 강한 인상을 줄 실례를 들어 이런 장점을 증명해 보여야 한다. 내가 이런 충고를 하자 친구는 자신의 실제 경험을 한 가지 얘기해주었다.

"예전에 다니던 광고 회사가 나의 예리한 안목 덕을 보기는 했지. 광고주의 마음에 쏙 드는 광고를 뽑아내서 계약에 성공한 적이 한두 번이 아니거든."

그 말을 들은 후 나는 자기소개서의 첫 문구를 이렇게 대체해보라고 충고했다.

'타고난 근성과 매의 눈으로 남이 보지 못하는 기회를 포착하는 기자.'

이런 식의 자기 정의가 최선이라고 나 역시 단언할 수는 없다. 그러나 자기소개서의 첫 문구를 장식하는 말이라면 최소한 면접관의 흥미를 끌어당길 만한 매력이 있어야 한다. 주의 깊고, 세심한 눈으로 주변을 둘러보는 사람은 얼마든지 있다. 이것은 거의 모든 응시자가 가장 습관적으로 쓰는 말 중 하나이기도 하다. 하지만 그런 장점을 이용해 남이 보지 못하는 기회를 포착하는 사람은 그리 많지 않다. 하물며 기자직 채용 면접에 응시하는 사람이라면 특종을 찾아내는 능력이 남보다 더 필요하니 그 점을 더 부각할 필요가 있었다.

물론 이 모든 것은 진실이 전제되어야 한다. 천성적으로 표현력이 부족하거나, 말을 조리 있게 하지 못하는 사람이 자신을 소통에 능한 사람으로 소개하는 것은 사기다. 단기간 내에 자신을 바꿀 수 없다면 이런 거짓말은 곧 드러나고 만다.

자신을 표현할 최고의 한마디 역시 자신에게 충실한 사람만이 누릴 수 있는 특권이다.

다른 분야의 고수와
맞서지 말자

자신의 브랜드를 만들고 싶다면 집중력이 가장 중요한 무기다.

대형 브랜드를 예로 들어보자. 그들이 한 분야에서 최고의 자리에 오른 후 다른 영역에 진출하는 순간 브랜드 이미지는 하향곡선을 그리게 된다. 이것은 마치 벗어날 수 없는 숙명과도 같다.

어쩌면 당연한 이치인지도 모른다. 하나의 브랜드가 다른 업종에 발을 들여놓으려면 해당 업종의 고수들과 피할 수 없는 맞대결을 해야 한다. 초짜가 고수를 상대하는 꼴이니, 아무리 돈을 쏟아부어도 손실을 만회할 길은 없다.

사람 역시 다르지 않다. 불교에서는 '탐욕(貪), 화냄(瞋), 어리석음(痴), 교만(慢), 의심(疑)'을 중생이 피해야 할 다섯 가지 독이라고 말한다. 이 중에서 1순위가 바로 아무리 채워도 끝이 없는 탐욕이다.

포용력이 있고, 원칙을 지키고, 차분하면서도 활동적이고……. 만약 나의 이 모든 장점을 남이 기억해주기를 바란다면 지나침이 모자람만 못한 결과를 낳고 말 것이다. 사람들의 관심과 기억력에는 한계가 있기 때문에 지나치게 많은 정보는 도리어 아무것도 제대로 각인시키지 못한 채 모호한 인상만 남길 뿐이다.

현대사회에서 자신의 장점을 무기로 삼아 최적의 직장에서 자기 가치를 상승시키는 게 말처럼 쉽지만은 않다. 하지만 쉽지 않은 일이기에 그 결과가 더 값질 수밖에 없다. 다만, 너무 많은 장점을 과시하는 것만은 자제해야 한다. 기업이 특정 고객군, 특정 제품 라인, 특정 시장을 주력 대상으로 삼듯 개인 역시 집중화의 전략을 세워야 한다. 이때 다른 사람이 나의 장점을 알아주지 않을까 봐 두려워할 필요는 없다. 집중과 지속을 전략으로 삼고 꾸준히 노력한다면 언젠가 누구도 범하지 못하는 나만의 이미지를 만들 수 있을 것이다.

차별화가
경쟁력이다

홍콩의 유명 엔터테이너 메이란팡은 1982년 19세 나이에 '바람의 계절'이라는 노래로 홍콩 가요계의 신성처럼 등장한 뒤, 후속곡인 '마음의 빚'으로 가요대상을 받기도 했다. 그러나 당시 그녀는 음악적으로 천부적 재능을 인정받으면서도 뚜렷한 개성을 드러내지는 못했다. 그런 그녀의 인생에 전환점을 안겨준 사람이 바로 디자이너 리우페이였다. 그녀는 첫 앨범 '적색 메이란팡'의 발표를 앞두고 그의 도움을 받아 이미지 변신에 성공했고, 대중에게 자신만의 독특한 개성을 각인시키며 무대 위의 팔색조로 마음껏 재능을 발휘했다.

중국 가요계의 여황제로 불리는 왕페이 역시 독특한 개성의 소유자다. 뛰어난 재능을 지닌 그녀는 남들과 똑같은 길을 가기보다 차별화된 자신만의 영역을 만들었다.

부동산업계의 거물인 판스이도 빠질 수 없다. 그는 처음부터 대단한 배경을 가진 인물이 아니었다. 단지 시장화 원리에 맡게 사회 자원을 활용하는 능력이 남달랐을 뿐이다. 그가 이런 말을 한 적이 있다.

"7, 8년쯤 전에 제 명함을 디자인하신 분이 당나라 시대의 복장을 입은 제 모습을 만화 캐릭터로 만들어 넣어주셨죠. 그때부터 그 모습이 절 대표하는 로고가 되었습니다. 생동감 넘치는 제 캐릭터가 그 어떤 디자인보다 더 친근감 있게 파급력을 발휘하더니 결국 회사를 대표하는 이미지가 되었죠. 물론 그런 코믹한 이미지가 제 위신을 떨어뜨릴지 모른다고 우려하는 분들도 계십니다. 하지만 미키마우스와 도널드덕이 디즈니의 대표 이미지라고 해서 월트 디즈니의 위신이 깎였다고 생각하시나요?"

그는 시장에서 가장 중요한 차별화 전략을 누구보다 잘 파악하고 있는 인물이다. 제품의 디자인은 누구나 모방이 가능하기 때문에 핵심 경쟁력으로 삼기는 부족하다. 그래서 그는 광고와 영화를 찍고, 책을 내고, 강연을 하고, 자체 브랜드를 개발하는 등 남다른 방식으로 사업 확장을 위한 길을 닦아왔다.

"제가 자기 홍보의 달인이라고 말씀하시는데, 이 또한 비즈니스를 위해 꼭 필요한 일입니다. 나 자신을 드러내지 않으면서 남들이 알아주기만을 바라는 게 말이 될까요? 직접 뛰어다니며 정보를 제공해야 한 명의 고객이라도 더 잡을 수 있는 겁니다. 방송이나 지면 매체의 위력도 잘 활용하면 내게 득이 되는 거죠. 아무리 작은 신문사라도 그들이 확보하고 있는 구독자의 수를 무시할 수 없습니다. 그래서 저는 이런 매체에서 인터뷰 요청을 하면 가능한 한 최선을 다해 응합니다. 나의 어린 시절, 창업 과정, 인생관, 세계관, 예술관, 부동산 사업에 관한 이야기를 세상에 알리고 나라는 존재와 이미지를 대중에게 인식시키는 데 이보다 더 빠른 통로가 있을까요?"

이처럼 그는 재능과 사회자원을 똑똑하게 이용해 기회를 잡고 시장을 개척할 줄 아는 타고난 사업가였다.

성공한 사람들이 지나온 길을 따라가보면 자기보다 앞서 성공한 사람을 따라잡는 데 아까운 시간을 허비하지 않는다. 그들은 오로지 남들과 차별화된 방식으로 또 다른 성공을 꿈꾼다. 자신의 브랜드를 만드는 일은 '아류'가 아닌 '차별화'가 전제되어야 한다.

인맥 디자인 TIP

순간 인지, 순간 연상이 바로 브랜드이고, 한 번 각인된 브랜드 이미지는 쉽게 바뀌지 않는다. 세상에 가장 어려운 일이 바로 다른 사람의 대뇌를 바꾸는 일이기 때문이다. 다른 사람이 내 이름을 듣는 순간 떠올릴 차별화된 이미지를 만들어보자.

인생을 즐겨야
일도 즐겁다

나무가 아닌

숲을 보자

흔히 죽어라 일만 하면 성공할 거라고 생각한다. 주위를 한번 둘러보자. 고생도 마다치 않고 일에 인생을 '올인'하는 사람들은 많은데 왜 성공하는 사람은 손에 꼽을 정도로 적을까? 그래서일까? 누군가는 이런 말을 한다.

"노력해봐야 아무 소용없어."

사실, 노력은 우리를 배신하지 않는다. 다만, 상황과 조건을 고려하지 않은 맹목적인 노력을 하기 때문에 쏟아부은 시간과 열정에 비해 만족스러운 결과를 낼 수 없을 뿐이다.

세일즈맨의 경우 자기가 맡은 일에만 죽어라 매달리는 게 능사가 아니다. 세일즈업계에서 성공한 사람들의 노하우와 경험담에 귀를 기울이고 끊임없이 배워야만 경쟁에서 뒤처지지 않는다.

한 세일즈맨이 나를 찾아와 세상이 불공평하다며 불만을 털어놓았다. 그는 잘나가는 동료 여직원 때문에 상대적인 박탈감을 느끼는 듯 보였다. 자신보다 잘난 것도 없어 보이는 그녀가 예쁜 외모와 운을 등에 업고 승승장구하니 속이 편할 리 없었다. 그는 전형적인 일중독자였다. 마치 일과 연애라도 하는 사람처럼 잠자는 시간만 빼고 온통 일에 푹 빠져 지냈고, 고객을 찾아가는 일이라면 휴일도 반납하기 일쑤였다.

그런데 그 여자 동료의 생활 패턴은 그와 사뭇 달랐다. 그녀는 일과 인생을 즐길 줄 아는 여자였다. 살사, 골프, 음악 등 그녀가 지금까지 배운 취미가 한둘이 아니었고, 실력도 전문가 못지않았다. 업무 방면으로도 다른 동료들에 비해 실적과 고객 만족도가 가장 높았다. 이런 이야기를 다 듣고 난 후 나는 그에게 한 가지 질문을 했다.

"그녀의 장점이 뭐라고 생각하세요?"

대답하는 그의 얼굴에는 인정하고 싶지 않다는 표정이 역력했다.

"얼굴이 예쁘고, 춤과 노래까지 수준급이니 고객의 환심을 사기 딱 좋죠. 그 덕에 계속 계약을 성사시키는 것 아니겠어요? 나는 수없이 고객을 찾아다녀도 한 건 성사시키기조차 힘든데 말입니다."

문득 한 가지가 궁금증이 생겼다.

"혹시 그분이 자기 미모를 앞세워 남자 고객들만 상대하나요?"

"꼭 그렇지만은 않아요. 고객 중에 꽤 능력 있는 여성 고객들도 많으니까요. 어쨌든 언젠가 그녀가 고객을 상대하는 걸 우연히 본 적이 있는데 계속 잡다한 얘기를 하며 수다나 떨고 있었어요. 그래서 계약은 물 건너갔다고 생각했는데 결국 또 한 건 올리더군요. 참, 기가 막혀서!"

여기까지 듣고 나니 그제야 어떻게 된 상황인지 감이 오기 시작했다. 일을 하다 보면 여성만이 가진 장점이 꼭 필요할 때가 있다. 여성의 상냥하고 부드러운 성향과 풍부한 표현력이 고객에게 더 호감과 신뢰를 줄 수 있기 때문이다. 게다가 그는 또 한 가지를 간과했다. 계약을 앞둔 사람은 누구나 감성보다 이성이 앞선다는 점이다. 그러다 보니 분위기가 딱딱해져서 자칫 계약에까지 차질을 줄 수 있다. 이때 고객의 마음을 편안하게 해주고, 계약에 확신을 줄 수 있는 노하우가 필요하다. 그의 여자 동료는 그동안 다양한 취미생활을 즐기며 전문가 못지않은 지식을 쌓아왔고, 그것이 바로 고객과 편안하게 소통할 수 있는 무기가 된 셈이다.

물론 외모도 분명 한몫했을 것이다. 개인의 이미지는 무척 중요하다. 세상에 아름다운 것을 싫어하는 사람은 없으니 타고난 외모가 득이 되는 건 사실이다. 하지만 멋진 인생은 전적으로 본인의 노력에 달려 있다. 성공을 꿈꿀 때 가장 중요한 요소는 역시 개인의 자질이다. 여성은 상대방의 외모와 능력을 시기하며 경계하는 성향이 강하다. 그런데 미모의 여직원은 이런 장애물을 걷어내고 같은 여자의 신임을 얻을 만큼 소통의 노하우를 가지고 있었던 것이다. 그리고 그것을 고스란히 실적으로 이어갔다.

남자는 그저 열심히 일만 할 줄 알았지, 고객이 세일즈 외에 무슨 얘기를 듣고 싶어 하는지 세심하게 배려하지 못했다. 때로는 상대와 자연스럽게 소통할 수 있는 능력이 고객의 마음을 움직이기도 한다.

이런 능력은 책상 앞에서 서류와 씨름한다고 생기는 것이 아니라 생활의 즐거움을 찾는 과정에서 차곡차곡 쌓이는 것이다. 평상시에 여가생활을 즐기고 여유를 갖는 것이 결코 무의미한 일이 아니라는 말이다. 땅만 보고 산다면 하늘의 구름이 어떤 모양일 때 비가 내리는지 절대 알 수 없다.

먹고, 마시고, 노는 것도
모두 학문이다

대부분의 일은 사람 간의 소통과 협력을 최우선 덕목으로 삼는다. 남송시인 육유는 죽기 1년 전에 아들에게 시작법(詩作法)에 대해 가르침을 주었다.

"시를 배우고자 한다면 그 재주는 시밖에 있다."

그는 처음 시를 지을 때 오로지 기교와 형식에만 공을 들였다. 그리고 중년이 되어서야 그 안에 담긴 의미가 더 중요하다는 것을 깨달았다. 그의 또 다른 시를 보면 이런 문구가 있다.

'종이에서 얻은 것은 그 깊이가 얕으니 반드시 실천과 결합되어야 한다.'

일에서도 마찬가지다. 타인과 교류할 때 소통의 문제처럼 보이는 일들이 실제로는 본인의 준비가 부족한 탓일 경우가 많다. 이것은 전문지식이 부족해서가 아니라 생활 속에서 쌓은 지식이 너무 얕다는 의미다. 청나라 문학가 조설근의 말을 빌리면 이렇다.

"세상사를 꿰뚫어보는 것은 모두 학문이요, 인정에 득달함은 바로 문장이다."

누군가 내게 무언가를 같이하자고 할 때 내 대답이 모두 부정적이라면 어떨까?

"같이 낚시 갈래?"

"낚시 못 해."

"같이 노래방 갈래?"

"노래 못 불러."

이런 식이라면 스스로 소통의 문을 꽁꽁 걸어 잠그는 것밖에 되지 않는다. 그 문을 열기 위해서는 삶을 풍요롭게 하는 일상적인 일들에 대한 학습과 훈련이 필요하다. 방송인 차이캉융이 실제 자신의 경험담을 털어놓은 적이 있다.

"열다섯 살 때 수영을 배울 기회가 있었는데 물이 너무 무섭고 배우러 가기도 귀찮아서 포기했죠. 그런데 열여덟 살 때 내가 좋아하는 여자애가 수영장에 놀러 가자고 하더군요. 하지만 수영을 할 줄 모르니, 그 아까운 기회를 그냥 놓칠 수밖에 없었어요. 열여덟 살 때 영어가 어려워서 포기를 했는데 스물여덟 살 때 영어만 잘하면 무조건 들어갈 수 있는 취업 기회가 왔고, 역시나 능력이 안 돼서 눈물을 머금고 돌아서야 했습니다."

이처럼 모든 일에는 적당한 때가 있고, 풀어야 할 숙제가 있다. 이 숙제를 귀찮고 어렵다는 이유로 미루고 피한다면 언젠가 나의 가슴을 뛰게 하는 사람이나 일을 만나도 눈앞에서 놓쳐버릴 수 있다.

타인과의 원활한 소통 수위를 높이고 싶다면 여가 시간을 잠자고, 술 마시는 등의 소모적인 일에 쏟을 게 아니라 심신을 단련하고 내실을 다지는 데 써야 한다.

중요한 사람과 식사 약속을 앞두고 요리책을 뒤적이거나 인터넷으로 맛집을 찾으며 최적의 장소를 선택하는 것도 성의를 표하는 중요한 과정이다. 그러나 이런 형식적인 것에만 치중하느라 정작 대화의 질을 고려하지 않는다면 본말이 전도된 것이고, 얻는 것보다 잃는 것이 더 많아질 수 있다.

식사 시간이 길어질수록 대화의 양도 많아지고 그만큼 소통의 기회가 주어지는 셈이다. 그렇다면 '즐거운 이야깃거리'를 최대한 준비하는 것이 그 식사 시간을 무의미하게 흘려보내지 않는 최선의 방법이다.

발등에 불이 떨어져야 정신을 차리는 것처럼 어리석은 일이 없다. 지금부터라도 여가 활동을 통해 심신을 단련해보자. 그 건강한 기운이 직장생활과 업무에도 긍정적인 에너지로 작용할 것이다.

대인관계에 활력을 불어넣는
소프트파워

한 국가의 문학적 역량과 외교력을 지칭하는 소프트파워는 개인에게도 적용될 수 있다. 자신의 직업과 관련된 전문지식 말고도 개인의 매력을 발산할 다양한 취미생활과 교양 습득이 자기계발, 즉 개인 소프트파워를 키우는 지름길이다. 그리고 이 소프트파워는 인간관계에서 활력소 역할을 한다.

소프트파워가 처세와 인맥 형성의 첫 단추라면 시간을 내서라도 그 게이지를 높여야 한다. 요즘 주중은 물론 주말에도 댄스, 노래, 꽃꽂이, 골프 등을 배우기 위해 학원을 찾거나 동호회에 가입하는 직장인이 늘고 있다.

왜 이런 현상이 벌어질까? 자기계발이 안 되어 있으면 기회가 와도 잡을 수 없기 때문이다. 예컨대 노래를 잘 부르고 춤에 일가견이 있다면, 남들보다 자신의 매력을 맘껏 발산할 기회가 훨씬 많아진다.

갓 입사한 신입사원의 경우, 직원들과도 친하지 않을뿐더러 업무 처리가 능숙하지 못하기에 자신의 가치를 충분히 보여주기란 어렵다. 그렇다면 어떻게 해야 동료와 상사의 주목을 받고 신임을 얻을 수 있을까?

예를 들어 마술을 할 줄 안다면 동료들에게 그 실력을 보여줄 기회를 만들어보는 것도 좋은 방법이다. 점심 식사 후 잠깐의 휴식 시간을 이용해 마술을 보여주고 호기심을 자극하면 이야깃거리도 풍성해지고 서로 간의 거리감도 좁혀지면서 호감도가 상승한다.

이런 소프트파워를 키우고 싶다면 그 어떤 핑계도 대지 말고 무조건 시간을 투자해야 한다. 자기계발을 통해 인생을 즐길 줄 아는 것은 수중에 얼마의 돈을 가지고 있는지보다 훨씬 중요하다. 개인이 사회에서 소모하는 재화에는 한계가 있기 때문이다. 아무 일에도 흥미가 없는 사람에게 갑자기 생긴 몇십 억 원의 돈이 생긴다 한들 행복이 보장되지 않는다.

그래서 시간을 억지로라도 내서 자기계발을 하고 인생을 즐겨야 한다. 매일 끝도 없이 이어지는 바쁜 일상이 반복되고, 복잡한 인간관계에 시달리다 보면 스트레스가 자기도 모르는 사이에 쌓일 수밖에 없다. 게다가 아무리 사소한 일이라도 불만이 생기면 곧바로 업무에 지장을 주게 된다. 이때 가장 효과적인 스트레스의 관리 비법이 바로 흥미를 자극하는 일을 찾아 소프트파워를 키우는 것이다.

나를 다르게 볼
시기를 포착하자

한 회사의 경영주를 대상으로 고가의 제품을 팔아야 한다면 좀더 차별화된 세일즈전략이 필요하다. 이것은 화장품을 구매할 때처럼 화학 성분을 따지거나 향을 맡아보는 것과는 차원이 다른 일이다.

굴착기를 예로 들어보자. 세일즈맨은 일반 상품과 똑같은 방식으로는 굴착기를 팔 수 없다. 구매자가 생산수단으로 굴착기를 구매한다면 첫째, 그것을 이용해 돈을 버는 것이 최우선 조건이겠다. 둘째, 고가의 제품이기 때문에 구매를 결정하기에 앞서 다방면의 조건을 고려할 것이다.

고가의 제품일수록 고객은 일상 용품이나 소모품을 구매하듯 곧바로 구매를 결정하지 않는다. 이때 세일즈맨의 차별화된 전략이 필요하다. 고객이 신중을 기할 때 그의 마음을 움직일 수 있다면 세일즈는 거의 성공한 셈이다.

그럼 어떻게 해야 고객의 마음을 움직일 수 있을까? 굴착기의 성능과 제품에 관한 상세한 정보는 누구나 숙지할 수 있는 부분이다. 누군가는 이런 내용을 줄줄 외워 기계처럼 설명할지도 모른다. 하지만 이렇게 무조건 외운 지식이 고객과의 미팅에서 얼마나 힘을 발휘할까? 이것만으로 고객의 마음을 사로잡을 수 있을까?

내 주변에도 세일즈를 하는 친구가 있다. 그는 '세일즈 왕'으로 불린다. 회사에서 그의 실적을 따라올 자가 아무도 없다. 그런데 한 가지 의아한 점은 제품에 대한 지식만 놓고 보면 판매 실적 꼴찌인 동료보다 더 나을 게 전혀 없다는 것이다.

그런 그가 어떻게 '세일즈 왕'이 될 수 있었을까? 그 친구의 최대 장점은 바로 끊임없는 자기계발과 기회를 잡는 능력이다. 그는 기회가 없으면 만들어서라도 잡는다. 게다가 헬스, 교양, 풍수 등 다양한 취미생활을 즐겼고, 전문가 못지않은 지식을 갖출 만큼 시간과 노력을 투자해 내실을 다졌다. 그는 자신이 잘 모르는 분야에 대해 아는 것처럼 허풍을 떨지 않는다. 그런 허풍이 도리어 고객의 반감을 불러올 수 있다는 것을 누구보다 잘 알았다. 그의 지식과 경험은 사회적 지위가 높고 성공한 사업가를 상대로 세일즈를 할 때 절대 주눅 들지 않게 하고 그들의 마음을 사로잡는 강력한 무기가 되어주었다.

대부분의 세일즈맨은 중요한 큰손 고객을 상대할 때 거의 비슷한 세일즈 패턴을 보여준다. 그들은 철저하게 제품 관련 내용을 숙지하고, 고객을 상대로 알고 있는 지식을 모두 쏟아놓는 데 주력한다. 반면, 친구는 고객을 방문해 자료를 건넬 때 장황한 얘기를 늘어놓지 않는다. 그는 무조건적인 제품 홍보보다 고객의 신뢰와 확신을 끌어내는 새로운 전략에 더 치중했다.

"품질에는 전혀 이상이 없는 제품입니다. 관련 자료와 계약을 위한 서류를 모두 챙겨넣었으니, 시간 나실 때 천천히 살펴보세요. 그리고 궁금하신 게 생기면 언제든 저를 찾아주십시오. 그런데 오늘 와서 보니 거실에 나무를 심으셨네요? 멋지긴 한데 운이 트이는 풍수 인테리어를 고려하신다면……."

이렇게 넌지시 몇 마디를 꺼내 고객의 호기심을 자극하고 나면 고객은 금세 그를 다른 눈으로 본다. 이런 식으로 대화의 폭이 넓어지면서 분위기가 화기애애해지고, 세일즈맨에 대한 호감은 제품 구매에 대한 확신으로 이어진다. 세일즈 역시 사람과 사람 사이에 일어나는 일이다. 고객의 마음을 사로잡을 차별화된 전략만이 경쟁에서 기회를 선점할 수 있다.

인맥 디자인 TIP

컬러텔레비전 시대에 총천연색 세상을 오로지 흑백으로만 보겠다고 고수하는 것이 과연 무슨 의미가 있을까? 차라리 변화를 즐기고, 그 변화를 가장 잘 활용하는 사람이 되는 편이 낫다.

잘난 바보가
되자

잘난 헛똑똑이는
되지 말자

　잘난 사람은 자기가 세상에서 가장 똑똑한 줄 착각하다 자칫 헛똑똑이가 되기 쉽다. 타이완 작가 보양의 말처럼 도살장에 끌려가면서도 죽어라 가격을 흥정하고, 그렇게 몸값으로 고작 몇 푼이라도 더 받아내야 안도의 한숨을 내쉬며 웃는 게 헛똑똑이들이다.

　잘난 인간들이 가장 쉽게 범하는 실수가 바로 수박을 버리고 참깨를 줍는 짓이다. 그들은 잘난 머리 덕에 남들이 보지 못하는 '참깨'를 발견하지만 그것이 도리어 재앙이 되고 만다. 이미 눈에 들어온 이상 참깨에 대한 유혹을 쉽게 떨쳐버리지 못하기 때문이다.

　『서유기』 내용의 핵심은 주인공들이 서역으로 불경을 찾아 떠나는 목표를 달성했느냐가 아니라 그 과정에서 온갖 장애물과 유혹을 어떻게 헤쳐 나아갔는지다. 사실, 우리는 기회가 없어서가 아니라 너무 많은 기회 중에 무엇을 선택해야 할지 몰라서 제대로 기회를 잡지 못하는 경우가 더 많다. 『서유기』에 등장하는 요괴에게 정보를 캐내는 특별한 능력만 없었어도 상당수가 화를 피할 수 있었을지 모른다. 그들은 삼장법사를 먹으면 불로장생한다는 사실을 알게 된 순간부터 그 유혹을 뿌리치지 못한 채 액운과의 사투를 시작해야 했다.

인간관계에 깨우침을 주고자 노자는 일찍이 이렇게 말했다.

"아는 자는 말하지 않고, 말하는 자는 알지 못한다."

리즈는 상당히 똑똑한 직원이었다. 그는 사장의 생각을 먼저 알 정도로 관찰력이 뛰어났고, 그 덕에 늘 동료들의 주목을 받았다. 사장 역시 머리가 좋다며 칭찬을 아끼지 않았다. 하지만 이런 칭찬이 그녀에게는 도리어 독이 되고 말았다. 그녀는 그 후로도 계속 사장의 생각과 행동을 예측해서 동료들에게 귀띔하고, 미리 대처까지 했다.

하지만 그런 일이 반복될수록 리즈는 점점 사장의 눈 밖에 나고 말았다. 사장은 더 이상 그녀에게 칭찬하지 않았고, 오히려 사소한 일에도 트집 잡기 일쑤였다. 얼마 후 사장은 말도 안 되는 이유를 내세워 그녀를 한직(閑職)으로 쫓아버렸다.

결국 그녀는 잘난 티를 너무 내다 스스로 제 발등을 찍는 헛똑똑이의 짓을 한 꼴이 되었다. 그녀는 자기 능력을 과시하느라 사장의 입장을 헤아리지 못하는 우를 범했다. 사장이라면 누구나 부하 직원과 어느 정도 거리를 유지하며 카리스마와 리더십으로 인정받고 싶어 한다. 그런데 자신의 속내를 투시하듯 그대로 간파하는 사람이 곁에 있다면 마치 그 사람 앞에 매일 벌거벗고 서 있는 듯한 기분이 들

것이다.

진짜 똑똑한 사람이라면 보고도 말하지 말아야 할 것쯤은 구분해야 한다. 또한 말하기에 앞서 신중함을 배워야 하며, 적당히 바보처럼 굴 줄도 알아야 한다. 상사가 숨기고 싶어 하는 일이 있다면 그것을 알고도 모른 체하는 것 역시 처세의 기본이다.

쓸모없어 보이는 노력도
꼭 필요한 과정일 수 있다

똑똑한 사람들은 대부분 '쓸모없는 노력'을 아무런 가치가 없는 것으로 치부해버린다. 학습의 학(學)은 모방이고, 습(習)은 연습이다. 똑똑한 사람은 모방에 강한 반면 연습에 약한 경향을 보인다. 그리고 반복되는 연습을 견디지 못하는 사람은 일과 대인관계에서도 똑같은 성향을 보여준다.

수십 년간 저글링 기술을 연마한 기인이 있었다. 그는 열 개 이상의 공을 연속으로 공중에 던져 받는 저글링의 대가였다.

어느 날 한 젊은이가 그를 찾아와 제자로 받아달라고 청했다. 기인은 우선 모래주머니로 연습을 시켰다. 모래주머니의 장점은 땅에 떨어져도 튕기지 않기 때문에 이리저리 주우러 다닐 필요가 없다는 데 있다. 제자는 며칠 동안 모래주머니를 높이 던졌다 놓치고 줍기를 반복해서 연습했다.

사실, 그의 제자가 되고 싶어 찾아왔던 사람 대부분이 바로 이 과정을 견디지 못하고 떨어져 나갔다. 그들은 하나같이 기술도 못 배우고 괜한 고생을 하고 있다고 생각했다.

"선생님, 전 저글링 기술을 배우러 왔는데 왜 자꾸 쓸데없는 것만 시키십니까?"

"공을 공중에서 돌리는 연습을 할 때 가장 중요한 것이 무엇이라 생각하나? 사람들은 공을 돌려받는 연습만 하면 된다고 생각하지. 떨어진 공을 줍는 일 따위는 안중에도 없어. 그러다 보니 공이 떨어지는 것도 짜증나고, 줍는 것도 귀찮아지지. 하지만 나는 자네들에게 이런 생각의 틀을 깨는 깨달음을 주고 싶었네. 매일 수천 번씩 모래주머니를 떨어뜨리고 줍는 연습을 하다 보면 어느 순간 평정심이 생기고, 이것 역시 꼭 필요한 과정 중의 하나라는 사실을 깨닫게 되는 것이지. 그때 비로소 진정한 나의 제자가 될 수 있네. 이런 연습을 통해 마음을 비우고 평정심을 얻을 수 있다면 결코 헛된 일에 노력을 기울이는 거라고 생각하지 않아."

귀찮고 번거로운 과정 역시 숙련을 위해 꼭 필요한 부분이다. 직장에서 똑같은 일을 하더라도 다른 사람이 일주일 걸려 하는 일을 이틀 만에 해낸다면 어떨까? 업무의 효율과 회사의 가치 창출에 큰 역할을 담당하게 되고, 자연히 그에 상응하는 대우도 받을 수 있다. 이런 능력은 일의 숙련도를 통해 얻어지고, 숙련도는 연습 없이는 불가능하다. 더 정확히 말하면 투자한 시간과 노력의 결과물이라고 할 수 있다. 요령을 부리지 말고 주어진 과정을 인내와 성실로 채울 수 있다면 언젠가 최고 경지에 오를 날이 분명히 온다.

"정직하고 우직하면 왜 늘 손해 보는 걸까요? 여우처럼 똑똑하게 굴지 않으면 정말 인정받기 힘든 건가요?"

지금까지 참 많은 사람이 내게 이런 질문을 했다. 대부분 직장에서의 고충을 토로하다 나온 말이다. 이 기회를 빌려 친구가 사장으로 있는 회사의 예를 들어 그 대답을 대신하고자 한다.

친구는 성격 차이가 극과 극인 신입사원 두 명을 채용했다. 한 명은 여우과(科)이고, 다른 한 명은 곰과에 가까웠다. 여우는 적응력이 빨라 금세 직원들과 친해졌지만, 곰은 숫기도 없고 처세술도 뛰어나지 않아 적응하는 데 상당히 긴 시간이 걸렸다. 일할 때도 여우는 늘 칭찬을 받으며 위기를 요리조리 잘 모면했다. 반면, 곰은 성실하게 일하면서도 요령을 피울 줄 몰라 상사에게 잔소리 듣는 일이 잦았다.

두 사람이 동시에 같은 분량의 일을 맡았다고 가정해보자. 친구가 진행 상황을 체크할 때마다 여우는 다 끝나간다고 자신 있게 말한다. 사실, 다 끝나려면 아직 한참 멀었는데도 말이다. 그런데 곰은 거짓말을 하지 못한 채 이렇게 대답한다.

"방금 하나를 마쳤고, 아직 두 개가 더 남아 있습니다."

친구의 입장에서 보면 일이 느려터진 직원이라는 생각이 들 수밖에 없다. 친구는 곰에게 일부러 더 많은 일을 시켰고, 여우는 상대적으로 일을 적게 하면서도 늘 그보다 더 칭찬을 듣고, 편애를 받았다.

그런데 몇 년이 지난 후 곰은 순조롭게 승진을 한 데 반해 여우는 여전히 제자리걸음이라는 소식을 듣게 되었다. 나는 도무지 이해가 되지 않아 친구에게 그 이유를 물어보았다.

"내가 여우를 칭찬하는 건 그들이 칭찬에 약하기 때문이야. 그런 친구들은 자꾸 당근을 주며 칭찬해야 그나마 일을 하거든. 내가 진짜 신임하는 쪽은 곰이야. 그런 친구들은 무슨 일이라도 믿고 맡길 수 있지!"

이 사례에서 보듯이 단기적 이익과 장기적 이익은 같을 수 없으며, 그중 어느 것을 선택할지는 전적으로 개인의 몫이다. 지혜로운 당신이라면 과연 어느 것을 선택하겠는가?

좀 바보스럽더라도
우직한 사람에게 더 믿음이 간다

사찰 주지 운적 스님은 살날이 얼마 남지 않았다는 것을 깨닫고 제자인 일적과 이적을 방장실로 불렀다. 그는 두 제자에게 벼 종자를 한 포대씩 나눠주며 이렇게 일렀다.

"이 종자를 파종해 벼를 수확하면 그때 다시 오거라. 벼를 많이 거둔 사람에게 의발(衣鉢)을 물려주고, 주지로 삼을 것이다."

그날 이후 운적 스님은 방장실에 칩거해 가부좌를 튼 채 벼가 익을 때까지 불경을 읽었다. 때가 되자 일적이 묵직한 볏섬을 짊어지고 찾아왔다. 그런데 이적은 빈손으로 스님 앞에 나타났다. 운적 스님이 이적에게 그 이유를 묻자, 그는 차마 고개를 들지 못한 채 자신이 논을 제대로 돌보지 못해 종자에 싹이 트지 않았다고 대답했다. 운적 스님은 고개를 끄덕이며 자신의 의발을 이적에게 물려주고, 그를 절의 주지로 지명했다. 곁에 있던 일적이 승복하지 못하고 따져 묻자 그는 이렇게 대답했다.

"내가 너희 둘에게 준 종자는 모두 삶아 익힌 거였느니라."

운적 스님이 후계자를 뽑는 기준은 바로 우직함과 성실함이었다. 그는 그것을 알아보기 위해 두 제자를 시험했고, 그 결과 두 사람은 전혀 다른 성격을 드러냈다. 일적은 약삭빠르고 태연하게 거짓말을 하며 자리를 탐했고, 이적은 거짓 없이 있는 그대로의 자신을 보여주었다.

이것은 불가에 전해 내려오는 이야기로 아시아 최고의 부자 리자청의 어머니가 아들에게 들려준 것으로 더 유명하다. 리자청은 이 이야기를 들으며 사람의 도리를 지키며 세상을 사는 이치를 배우는 것이야말로 가장 큰 배움이라는 사실을 깨우쳤다고 했다.

"저 역시 어머니와 마찬가지로 자식들에게 가능하면 세상을 사는 이치나 사람의 도리를 가르쳐주려고 노력해왔습니다. 물론 경영에 관한 얘기도 중요하지만 이런 것이 뒷받침되지 못하면 누구에게도 신뢰를 얻을 수 없고, 어디에서도 환영받지 못하는 사람이 되고 맙니다. 그러니 이것보다 중요한 것이 또 어디 있겠습니까?"

물론 여기서 말하는 바보는 자신이 손해 보는 것조차 모르거나 기본적인 판별력도 없는 그런 이가 아니다. 세상에 똑똑한 사람은 많다. 그렇지만 우직하고 세상 물정에 능통한 영리한 바보는 드물다.

어떻게 보면 바보스러울 정도로 우직하고 꾀를 피울 줄 모르지만 자신만의 철학과 양심, 그리고 줏대를 잃지 않는 사람에게 사람들은 더 매력을 느낄 수밖에 없다.

나를 불행하게 만드는
부정적 요소 차단하기

내 친구들은 모두

나에게 행복 바이러스를 주는 존재일까?

내 친구들을 모두 행복 바이러스 전파자로 만들 수 있을까? 전혀 어렵지 않다. 유해한 바이러스를 옮기는 친구의 접근만 차단해버리면 된다. 이런 친구들은 늘 부정적으로 세상을 보기 때문에 그 부정적인 에너지가 주변에 영향을 미칠 수밖에 없다. 자신만은 예외라고 생각한다면 큰 오산이자 오만이다. 그런 부정적인 영향은 가랑비에 옷 젖듯 내 안에 스며들기 때문이다.

아내가 임신을 했다면 남편이 보는 세상은 전과 같을 수 없다. 그날부터 길을 걸을 때마다 임산부에게 자연히 더 눈이 가게 되고, 예전에는 관심조차 없었던 아기 용품점도 그냥 지나치지 못할 것이다. 새 생명을 기다리는 그의 마음은 행복과 설렘으로 가득하고 세상도 온통 파스텔 톤처럼 화사해 보인다. 반대로 마음이 불안하고 불만으로 가득 차 있으면 불공평하고 불행한 일들만 더 눈에 들어오고 세상도 온통 잿빛처럼 칙칙해 보일 뿐이다.

개인의 능력에는 한계가 있다. 지독한 골초와 결혼한 여자가 있었다. 그녀는 이 담배 때문에 평생 남편과 부부싸움을 했다. 그녀가 담배 좀 끊으라고 아무리 잔소리를 해도 남편은 단 한 번 담배를 끊은 적이 없었다. 심지어 담배를 계속 피우면 죽을지도 모른다는 의사의 경고조차도 전혀 먹히지 않았다. 그녀는 자신의 목숨을 담보로 잡히고도 금연의 의지를 보이지 않는 남자를 상대로 평생 화를 내며 살아온 것이다. 그렇게 사느니 차라리 애초에 담배를 전혀 피우지 않는 사람을 배우자로 선택하는 편이 나았을지 모른다.

햇살 같은 사람은 주위를 늘 환하게 밝혀준다. 인생이 햇살처럼 환해지고 행복 바이러스로 가득 차길 바란다면 그 첫걸음은 주변 사람을 신중하게 선택하는 것으로 시작해야 한다. 누구나 이 사실을 깨닫고 노력한다면 자신을 둘러싼 인간관계를 충분히 변화시킬 수 있다. 우선 친구들이 나와 만났을 때 어떤 얘기를 주로 하는지 되돌아보자. 매번 만날 때마다 불평불만을 털어놓고 남을 욕하기 바쁘다면 이제부터라도 대화 주제를 바꿔보거나 그 친구와의 관계를 새롭게 고민해볼 필요가 있다.

직장 동료들과 허물없이 지내는 친구가 있었다. 그녀는 동료들과 몇 주에 한 번씩 모여 함께 식사를 하고 술을 마시며 돈독한 관계를 유지했다. 그런데 그녀들의 대화는 늘 남자로 시작해서 남자로 끝났고, 좋은 얘기보다는 험담이 주를 이뤘다. 결혼한 여자는 남편 험담을 하고, 미혼인 여자는 애인 험담을 했다. 그리고 결론은 늘 똑같았다. 남자는 다 나쁜 놈이라고! 이렇게 한바탕 남자 험담을 잔뜩 하고 나면 그 후유증도 만만치 않았다. 남자에 대한 부정적인 생각이 머릿속에 가득 차서 실제로 남편과 애인에게까지 그 여파가 미쳤고, 결국 서로에게 상처를 남기기 일쑤였다.

사람과 사람 사이에 늘 좋은 일만 있을 수는 없다. 때로는 의견 충돌이 생기고, 자기 생각과 다른 상대방의 모습에 화가 날 수도 있다. 하지만 부정적인 면만을 자꾸 들추다 보면 그 속에 점점 빠져들어 문제만 더 키울 뿐이다. 게다가 내 생각이 부정적이라면 상대 역시 불만이 쌓이게 되고, 결국 악순환이 반복된다.

고민을 들어주되,
바른 소리도 아끼지 말자

누군가 재수 없는 일을 당한 후 불만을 털어놓는다면 뭐라고 위로를 해야 할까? 대부분의 사람은 그런 불평불만을 들으면 일단 동조부터 하고 본다. 친구가 사장을 나쁜 놈이라고 욕하면 자신도 따라서 욕을 하며 기분을 맞춰주는 게 친구에 대한 배려라고 생각한다. 그러나 이럴 때 자신도 모르는 사이에 세상의 모든 사장이 다 나쁜 놈이라고 착각할 수 있으니 조심해야 한다.

친구가 늘 재수 없는 일을 당하는 것도 아니고, 어쩌다 한 번 억울한 일을 당해 하소연을 하는 거라면 친구로서 당연히 맞장구를 쳐줄 수 있다. 그런데 이때 밸런스를 잘 맞춰야 한다. 무조건 들어주고 맞장구쳐주는 것도 중요하지만 잘못한 점은 솔직히 지적할 수 있는 용기도 필요하다.

친구란 완벽하게 일치하는 두 사람의 만남이 아니라 서로 다른 점을 인정하고 닮아가는 관계다. 진정한 친구라면 힘들 때 위로가 되고, 동시에 좋은 방향으로 해결을 이끌어주는 멘토가 되어야 한다. 그래서 필요하다면 냉정하고 쓴소리도 아끼지 말아야 한다. 친구를 위해 바른 소리를 아끼지 않는 사려 깊고 솔직한 모습이 결국 나에 대한 신뢰로 돌아오게 되어 있다.

집착의 고리를 끊고
생각 내려놓기

신경언어 프로그래밍 창시자 중 한 명인 미국의 리처드 밴들러가 과대망상증 환자를 치료한 적이 있었다. 이 환자는 자신을 예수라 믿으며 다른 사람과 말을 하지도 듣지도 않았다. 그가 하는 말은 늘 이 세 마디에서 벗어나지 않았다.

'안녕하세요, 네, 나는 예수입니다.'

그가 정신병원에 들어온 지 6년이 넘었지만 어떤 의사도 그를 치료하지 못했다. 밴들러가 시도한 방법은 먼저 그와 생각의 주파수를 맞추는 일이었다. 그가 물었다.

"당신이 정말 예수입니까?"

"네."

질문이 끝난 후 밴들러는 병실을 나갔다.

다음 회진 때 밴들러가 다시 물었다.

"당신이 예수라면서요? 정말 예수가 맞습니까?"

"네."

밴들러가 뒤이어 물었다.

"다시 한 번 묻겠습니다. 당신이 정말 예수가 맞습니까?"

"네."

환자의 대답은 변함이 없었다. 밴들러는 또 다시 확인했다.

"마지막으로 묻겠습니다. 당신이 정말 예수가 맞습니까?"

환자의 목소리에 더 힘이 실렸다.

"네!"

밴들러는 더 이상 아무것도 묻지 않은 채 줄자를 꺼내 환자의 신체 치수를 재기 시작했다. 그리고 팔 길이, 가슴둘레, 키 등을 상세히 기록했다. 밴들러는 치수를 다 잰 후 또 한 번 그에게 질문을 했다.

"당신이 정말 예수라고 믿으시나요?"

환자의 대답은 여전히 단호했다.

"네!"

그 대답을 끝으로 밴들러는 병실을 나갔다.

그렇게 사흘이 지난 후 밴들러가 다시 병실을 찾았다. 그런데 이번에는 혼자가 아니었다. 여러 명의 목수가 커다란 나무 막대기, 밧

줄, 못, 망치 등을 들고 따라 들어오더니 곧바로 십자가 모양을 만들어 벽에 박기 시작했다. 환자는 예상치 못한 광경에 눈이 휘둥그레졌다. 그리고 잠시 후 환자의 입에서 6년 만에 처음으로, 늘 하던 세 마디가 아닌 다른 말이 터져나왔다.

"다들 뭐하는 겁니까?"

밴들러는 어이가 없다는 듯 되물었다.

"정말 몰라서 묻는 건가요? 제가 지난 이틀간 진짜 예수가 맞느냐고 묻지 않았습니까? 그때 확신에 찬 목소리로 예수라고 대답했잖습니까? 그러니 제가 지금 뭘 하려는 건지 누구보다 잘 아실 거라 생각합니다."

밴들러의 대답을 듣자마자 환자의 얼굴이 사색이 되었다. 십자가를 벽에 박고 나자 인부들이 환자를 번쩍 들어 십자가로 옮겼다. 공포를 느낀 환자는 발버둥 치며 소리를 질렀다.

"나는 예수가 아니야! 아니라고! 날 이 병원에서 내보내줘!"

밴들러가 이 과대망상증 환자를 치료하기 위해 사용한 방법은 바로 환자가 집착하는 대상과의 연결고리를 끊어버리는 것이었다. 그 고리를 끊어내는 순간 환자의 사유는 자유를 얻게 된다.

이는 비단 정신병 환자에게만 해당되는 방법이 아니다. 누구나 이런 방법으로 마음의 자유를 누릴 수 있다. 하나의 문제를 둘러싸고 논쟁이 빚어질 때 누가 옳고 그른지를 따지며 얽매일수록 갈등은 깊어지고 마음은 지옥처럼 변해간다. 이때 그 문제에 대한 집착의 끈을 끊어버리고 마음을 비우면, 새로운 세계를 보는 지혜의 눈이 생긴다.

누구나 하는 말이라고 다 똑같은 말은 아니다. 입만 열면 상대방의 심기를 불편하게 만드는 사람이 있는가 하면, 말 한마디로 천 냥 빚을 갚는 사람도 있고, 상대의 마음에 봄바람을 살랑살랑 불어넣는 사람도 있다. 무엇이 이런 차이를 만들까? 그것은 표현의 문제이자, 사물을 바라보는 관점의 차이에서 비롯된다.

사업가로 성공한 친구의 얘기를 해볼까 한다. 그는 그동안 참 많은 사람을 상대하다 보니 좋은 사람과 나쁜 사람을 판별하는 능력이 탁월했다. 그것이 그가 성공을 거두는 데 큰 몫을 차지했다. 더불어 그는 한결같은 마음으로 세상의 모든 변화에 대응하겠다는 신념을 갖고 고객과의 신뢰를 쌓았다.

언젠가 제품을 대량 주문하기 위해 견적서를 제출했을 때였다. 공급업체 사장은 여러 업체에서 견적 가격을 낮게 책정해 제출한 상태라고 그에게 귀띔을 해주었다. 이 말을 전해 듣자마자 직원들은 공급업체가 일부러 견적 가격을 낮추려고 거짓말을 한다며 흥분을 감추지 못했다.

하지만 친구는 우둔하리만치 별 반응을 보이지 않았다. 그가 불같이 흥분하며 화를 내지 않은 이유는 그 가격의 진실과 거짓을 판단할 자신만의 확신이 서 있었기 때문이다. 그는 업무를 담당한 직원들에게 이렇게 말했다.

"내가 개인적인 인맥을 동원해 확인해본 결과 그런 가격을 제시한 회사가 진짜 있기는 하더군요. 하지만 그 사람들이 미친 짓을 하는 데 우리까지 동조할 필요는 없다고 봅니다. 이제 여러분은 우리가 정한 원칙에 따라 최대한의 성의를 보여주고 업체와 담판을 지으면 됩니다. 저는 이미 여러분에게 마지노선을 제시했으니, 나머지는 여러분의 손에 달려 있는 겁니다. 자, 이제부터 여러분의 능력을 보여주세요. 여러분의 손에 회사 운명이 걸려 있습니다!"

마지노선이 정해지자 직원들의 투지가 하늘을 찔렀고, 협상을 유리하게 이끌어갈 다양한 방안을 찾아내 공급업체와의 막판 협상에 사활을 걸었다. 결국 원칙을 고수하고 끝까지 밀고 나간 사장과 직원들의 뚝심과 노력이 결실을 맺어 계약은 원래 정한 마지노선보다 훨씬 높은 가격으로 성사될 수 있었다.

나는 한 가지 궁금증이 생겼다.

"경쟁업체에서 견적 가격을 낮게 제시한 사실을 직원들에게 다 밝혔다가 협상 과정에서 그들이 그보다 더 낮은 가격을 제시하면 어쩌려고 그랬어?"

친구의 대답은 참 지혜로웠고, 역시 사장은 아무나 하는 게 아니라는 생각이 들었다.

"사업을 오래 하다 보니까 거짓말에도 이골이 났어. 그런데 진짜 중요한 게 뭔 줄 알아? 바로 거짓말을 대하는 태도야. 타 업체에서 이미 낮은 견적 가격을 제시했다는 소문을 처음 들었을 때 다들 화부터 내며 공급업체 사장이 거짓말하는 거라고 목소리를 높였지. 젊은 친구들일수록 이런 감정을 잘 숨기질 못하니까. 그런 감정 상태로 협상 테이블에 앉게 되면 주도권을 빼앗기고 결국 손해 보는 장사를 할 수밖에 없어. 그래서 진실 여부를 떠나 공급업체 사장의 말이 일단 사실이라고 못을 박은 후 전혀 우리를 속이려는 악의가 없다고 말해 준 거지. 그래야 직원들도 부정적인 감정을 배제하고 냉정하게 우리의 마지노선에 맞춰 계약을 성사시키려고 노력하지 않겠어? 우리가 정한 마지노선보다 낮은 가격을 제시하면 그만큼 우리가 손해를 보게 되는데 제정신이라면 절대 그런 짓은 못 하지. 사업은 감정에 휘둘리면 절대 성공할 수 없어. 게다가 그렇게 계약을 성사시키고 나면 직원들도 나름 깨닫는 바가 생기게 되지. 사장의 정보가 반드시 맞는 것은 아니라는 것과 모든 일은 감정을 앞세우기보다 확신을 가지고 지혜롭게 대처해야 한다는 것을 알게 되는 거야. 심지어 나에게 회사 기밀정보를 누설한 사람을 조심하라고 충고까지 하던걸? 실전 경험을 통해 서서히 판별력이 생기는 거지."

그제야 이 친구가 사업가로 승승장구하는 이유를 알 것 같았다. 그의 비결은 판단을 흐리게 만드는 상황에 맞닥뜨려도 적의를 품기보다 자신의 원칙을 고수하고, 지혜롭고 이성적으로 문제를 처리하는 것이었다. 이것이야말로 부드러움으로 강함을 이긴다는 무림고수의 최고 경지가 아닐까?

인맥 디자인 TIP
단순한 눈으로 세상을 보자. 원칙과 소신만 있다면 세상 역시 단순해진다.

긍정적인 마인드로
세상을 품자

결과를 고려한
배려와 관심의 표현

말할 줄 안다고 해서 모두 말을 잘하는 것은 아니다. 제대로 말하는 법을 배우는 것 역시 나의 가치를 높이는 처세의 한 방편이다.

나도 아주 오래전에는 평범한 회사원이었다. 그 시절, 월급은 적었지만 일이 정말 좋았고 즐거웠다. 그때 이런 일이 있었다. 우리 부서에 샤오위라는 인턴이 새로 들어왔다. 그런데 그는 업무 처리가 서툴러서인지 크고 작은 실수를 빈번히 일으켰다. 그러다 보니 행여 팀장의 입에서 그만두라는 얘기라도 나올까 봐 늘 노심초사했다.

어느 날 출근을 했는데 옆자리 동료가 장난스러운 눈빛으로 이런 제의를 했다.

"이봐, 오늘 샤오위를 좀 골려주는 거 어때? 성격이 저렇게 소심해서 쓰겠어? 아끼는 후배일수록 강하게 키워야지. 안 그래?"

때마침 샤오위가 사무실로 들어오자 동료는 곧바로 심각한 표정을 지으며 그를 불렀다.

"샤오위. 팀장님이 찾으셔!"

동료는 그 말이 끝나기 무섭게 전화를 받느라 정신이 없었고, 샤오위는 더 이상 아무 말도 물어볼 수 없었다. 기분 좋게 사무실로 들어서던 샤오위는 금세 얼굴이 하얗게 질려 팀장실로 달려갔다. 그 모습을 보고 있자니 나와 동료는 괜히 양심의 가책이 느껴졌다. 팀장은 헐레벌떡 사무실로 들어서는 샤오위를 의아한 눈빛으로 쳐다봤다.

"팀장님! 저를 찾으셨다고 들었습니다."

그 순간 팀장은 일이 돌아가는 상황을 알아챈 듯 웃으며 말했다.

"샤오위, 요즘 일하느라 힘들지? 가끔 실수는 좀 하지만 열심히 노력하는 모습이 아주 보기 좋아. 그런데 일하다가 실수 좀 했다고 너무 겁먹고 위축될 필요는 없어. 다들 그렇게 실수도 하면서 배우는 거니까. 하지만 똑같은 실수를 반복하면 안 되겠지? 실수도 약이 되려면 노력이 필요해. 업무일지를 꼼꼼히 써보는 것도 좋은 방법이지. 기록하면서 자신을 돌아보고 평가하다 보면 점점 나아지는 자신을 발견하게 될 거야."

팀장의 사무실을 나서는 샤오위의 얼굴에 화색이 돌고 있었다. 별일 없다는 듯한 그의 표정을 보고 나서야 나와 동료도 활짝 웃을 수 있었다.

그날 이후 샤오위는 곧바로 업무일지를 꼼꼼하게 써내려갔고, 성장 속도가 눈에 띄게 빨라졌다. 그 일을 통해 나 역시 깨달은 바가 많앗고, 팀장에 대한 경외심마저 일었다. 만약 내가 팀장이었다면 갑자기 사무실로 뛰어들어온 샤오위에게 아마 이렇게 말했을 것 같다.

"자네가 어쩐 일이지? 난 부른 적이 없는데?"

혹은 그런 장난을 친 직원들을 불러 혼을 내지 않았을까? 그랬다면 샤오위는 당황해서 어찌할 바를 몰랐을 거고, 나와 동료 역시 입장이 난처해졌을지도 모른다. 그러나 팀장은 상황이 어떻게 돌아가는지를 눈치채고도 전혀 티를 내지 않았다. 도리어 그 기회를 이용해 샤오위를 격려하고, 동료관계에 금이 가지 않도록 배려를 해주었다. 리더로서의 그의 자질을 충분히 보여준 셈이다. 작은 부분조차 소홀히 넘기지 않는 그의 포용력과 배려가 바로 팀워크와 업무 효율을 높이는 힘이었다.

이처럼 같은 상황이라도 어떤 식으로 말을 표현하느냐에 따라 그 파급력은 천지 차이다. 결과를 생각하고 주변 사람들을 배려해 말할 줄 아는 것이야말로 사람의 마음을 얻는 인맥 형성의 지름길이다.

천하무적

긍정 마인드

대화를 나눌 때 상대방이 내 생각과 판단을 계속해서 부정한다면 어떨까? 나는 그저 상대방을 이해하고 싶어 물어본 말인데, 일단 부정부터 하고 이야기를 시작하는 사람들이 있다. 이런 습관을 가진 사람은 결국 주위 사람을 멀어지게 만들 뿐이다.

친구로부터 직원 면접을 볼 때의 경험담을 들은 적이 있다. 소프트웨어 엔지니어를 뽑는 면접장에 한 응시자가 들어왔다. 실력 면에서 그는 전혀 흠잡을 곳이 없었고, 다들 흡족한 표정으로 그에게 질문을 던졌다. 그런데 질문과 대답이 오갈수록 그에 대한 호감은 점점 반감으로 바뀌었다.

"대학에서 소프트웨어 방면으로 공부를 했나요?"

"아뇨! 대학에서 배운 게 아닙니다."

"그럼 독학으로 이 분야 기술을 익힌 거네요?"

"아뇨! 제가 배운 것은 모두 공인된 지식과 기술입니다."

"그럼 독학한 것은 맞는데 소프트웨어 관련 엔지니어 자격 시험을 통과해 실력을 검증받았다는 거군요?"

"아뇨! 저 혼자 힘으로만 된 일이 아닙니다. 컴퓨터 관련 전문가들의 도움을 다방면으로 받은 덕에 컴퓨터공학을 전공한 사람들에게 뒤지지 않는 지식을 가지게 되었고, 실전 경험도 풍부합니다."

"그럼 지금 당장 개발 업무를 맡겨도 거뜬히 혼자 처리할 만큼 자신이 있겠네요?"

"아뇨! 개발 과정에서 문제가 생기면 저 혼자 해결하기에는 한계가 있을 겁니다. 그럴 때는 다른 사람과의 협력이 필요하고……."

친구의 판단이 계속해서 부정당할 때마다 그는 눈앞의 구직자에 대한 실망과 거부감이 일어나기 시작했다. 그는 한마디 따끔하게 해주고 싶은 마음을 꾹 누르고 사무적인 말투로 면접을 정리했다.

"면접에 응해주셔서 감사합니다. 결과는 빠른 시일 안에 알려드

리겠습니다."

　그리고 이 구직자를 과감히 포기해버렸다. 당시 친구는 면접자의 긴장을 풀어주기 위해 최대한 배려할 생각이었다. 더구나 면접자의 실력도 검증되었고, 실전 경력도 많아 거의 합격으로 마음이 기운 상태였다. 그런데 막상 면접을 하면서 예상치 못한 면을 보고 만 것이다. 친구는 면접자의 심리적인 문제를 도저히 간과할 수 없었다. 무슨 질문을 해도 일단 아니라는 대답이 먼저 나왔다. 그는 다른 사람이 자신에 대해 정의 내리는 것을 두려워했고, 자신의 능력조차 제대로 포장해서 보여주지 못했다. 부정을 많이 한다는 것은 한 방의 공격도 견뎌내지 못할 만큼 마음이 나약하다는 증거다. 이런 사람은 나중에 일을 하다 실수가 생겼을 때 습관적으로 책임을 남에게 전가할 가능성이 크다. 기술적인 능력은 다 거기서 거기고, 모자라면 배워서 채울 수 있는 여지가 있다. 그러나 정신이 건강하지 못하거나 인품이 올바르지 못하면 조직과 조화를 이루기 힘들다.

친구의 얘기를 들으면서 나 역시 다른 사람과 대화를 할 때 부정적인 말을 너무 많이 하며 나 자신의 문제점을 고스란히 드러내지 않았는지 돌아보게 되었다.

자신감과
여유

내 은행 통장에 몇 억이 들어 있다고 가정해보자. 이런 경제력이 뒷받침되는 상황이라면 가짜 명품 목걸이를 하고 있어도 전혀 기죽을 이유가 없다. 누군가 목걸이를 보고 진품이 아닌 것 같다고 딱 꼬집어 말을 해도 신경 쓸 이유가 없고, 당당하게 그 사실을 밝힐 수도 있다. 진품을 살 능력이 충분히 되면서도 내가 좋아서 가품을 하고 있기 때문이다. 반대로 통장 잔고가 바닥일 때 똑같은 상황이 벌어진다면 어떨까? 아마 자격지심이 들어 쉽게 그 사실을 인정하려 들지 않을 것이다.

사람이라면 누구나 타인에게 무시당하고 싶지 않은 심리가 있다. 내가 자신감이 넘치고 당당하면 타인의 말을 너그럽게 받아들이고 사실을 쉽게 인정할 수 있는 여유가 생긴다. 반면, 열등감과 자격지심이 커지면 타인의 말을 예민하게 받아들이고 두려워한다.

그래서 타인의 평가와 판단에 어떤 반응을 보이는지를 관찰하면 그 사람이 정신적으로 강한 사람인지, 자신감이 있는 사람인지를 어느 정도 판단할 수 있다.

만족감과 자신감의
상관관계

직장 근무연한, 경력은 물론 키, 몸무게, 스타일에 이르는 모든 것이 자신에 대한 만족감을 높여주는 장점이자 개성이 될 수 있다. 자신의 장점을 잘 알고 삶에 감사할 줄 안다면 이런 만족감은 마음속 깊이 뿌리를 내려 자신감으로 자라난다. 설사 누군가 내 얼굴 주름에 대해 귀에 거슬리는 소리를 해도 나에게 가장 아름다운 부분이 무엇인지 알고 있다면 그런 기분 나쁜 지적쯤이야 그냥 무시해버릴 수 있다. 가진 것이 많고 그것에 대한 만족감이 클수록 여유와 자신감이 생기기 때문이다.

물론 시간과 에너지를 투자해 업무력을 높이려는 노력도 아끼지 말아야 한다. 이것이야말로 자신감을 높이는 출발점이다. 주어진 일을 이성적으로 분석하고, 회사에서 어떤 인재를 필요로 하는지, 자신에게 부족한 점이 무엇인지를 파악해야 한다. 또한 이 과정에서 타인이 나를 부정적으로 평가하기 전에 먼저 문제점을 찾아내 나를 바꾸려는 노력을 해야 한다.

예를 들어 직속 상사나 동료와의 진솔한 대화를 통해 공감대를 형성하고 타인의 눈에 비친 나의 모습을 있는 그대로 받아들여야 한다. 만약 부족한 점을 느꼈다면 더 나은 나를 위해 충전을 해야 하고, 느슨해지고 게으른 나를 발견했다면 하루를 알차게 보낼 방법을 찾아내야 한다. 더불어 상사나 유능한 동료들의 일거수일투족을 주의 깊게 관찰하면서 그들과 자신의 차이점이 무엇인지 깨닫는 것도 중요하다.

나부터 적극적으로 그 차이를 줄여나가려고 노력하다 보면 부정적인 눈으로 나를 평가하는 사람들도 점점 줄어들 것이다.

인맥 디자인 TIP
언어는 우리가 보고 듣는 현실의 모든 것을 말로 표현할 수 있도록 돕는 수단이다. 세상을 긍정적으로 넓게 보는 사람일수록 그들이 사용하는 언어의 깊이와 표현이 달라지고, 그것이 그들의 가치를 더 높여준다.

DO IT

나를 알리는 일이라면
무엇이든 하라

자기 마케팅으로

기회 잡기

가만히 앉아서 기다린다고 인맥이 만들어지지 않는다. 내가 가진 인적자원이 충분하지 않다면 먼저 적극적으로 나를 드러내야 한다. 그래야 나의 진가를 알아주는 사람도 만날 수 있다. 진짜 똑똑한 사람은 종종 남들이 피하거나 무모하다고 느끼는 순간을 기회로 잡아 상사의 총애와 신임을 받는다.

동창 중에 이제는 어엿한 회사 중역이 된 친구가 있다. 그가 상사의 눈에 들게 된 이야기는 지금 생각해도 참 대단하다는 생각밖에 들지 않는다. 그 역시 예전에는 전혀 눈에 띄지 않는 평범한 직장인이었다. 그러던 어느 날 사장도 참석하는 회사 전체 회식이 있었다. 분위기가 무르익자 사장은 노래 부르는 시간을 갖자고 제안했다. 사장이 평소에 노래 부르는 것을 좋아하고, 가수 뺨치는 실력이라는 사실을 회사 내에서 모르는 사람이 없을 정도였다. 그러다 보니 눈치 빠른 사람들은 사장에게 먼저 한 곡 들려달라고 분위기를 몰고 갔다. 사장은 괜히 자기 자랑하는 것 같아 쑥스러웠는지 직원들을 보며 같이 듀엣을 하자고 제안을 했다. 하지만 선뜻 나서는 사람이 없었다.

바로 그때 동창이 벌떡 일어나 용감하게 무대 위로 올라갔다. 모두의 시선이 그에게 꽂혔다. 웬만큼 노래를 잘하지 않고서는 사장 앞에서 명함도 못 내밀 상황인데도 그는 너무나 당당하게 사장 옆에 서서 노래를 부르기 시작했다. 그의 당당함만큼이나 노래 실력도 수준급일 거라는 착각마저 들 정도였다. 그런데 그가 입을 여는 그 순간부터 모두의 눈이 휘둥그레졌다. 그는 타고난 쉿소리도 모자라 음치에 가까울 정도로 음정, 박자를 무시하며 노래를 부르고 있었다. 여기저기서 웃음소리가 터져나왔고, 다들 그 친구가 괜히 나서서 자기 얼굴에 침을 뱉었다며 속으로 비웃기에 바빴다. 그러나 친구는 그런 비웃음이 들리지 않는 듯 노래에 흠뻑 취해 그 순간을 맘껏 즐겼다.

회식이 끝나고 나자 동료들은 노래도 못하면서 무슨 자신감으로 무대에 올라갔느냐며 한마디씩 그의 가슴에 비수를 꽂았다. 그래도 그는 아무렇지 않은 듯 바보처럼 웃으며 이렇게 대답했다.

"하하, 그래도 나름 잘 부르지 않았어?"

그 말에 다들 기가 막혀 고개를 절레절레 흔들었다. 그런데 친구는 내게 놀라운 사실을 알려주었다.

"노래도 못 부르면서 왜 그랬냐고? 다 생각이 있어서야."

과연 회식 다음 날부터 사장은 그 친구에 대한 관심을 드러내기 시작했다. 그리고 얼마 후 그를 사장의 직속팀으로 발령을 냈고, 그 곳에서 능력을 인정받은 후부터 그의 승진은 급물살을 탔다. 비록 못 부르는 노래였지만 사장에게 가장 빨리, 가장 효과적으로 자신을 알릴 기회를 잡는 데 성공했기 때문에 가능한 일이었다. 모두가 사장과 노래하기를 꺼려서 분위기가 썰렁해지려는 찰나에 친구는 무대 위로 올라가 난처해하는 사장에게 구원의 손길을 내밀었다. 게다가 친구가 노래를 못 부를수록 사장의 노래 실력은 더 부각되었고, 사장은 꾸밈없이 그 순간의 흥을 즐기는 그에게서 자신감과 대범함을 보았을 것이다. 동료들의 눈에는 어수룩하고 처세를 모르는 것처럼 보였을 행동이 사실은 치밀한 계산에서 나온 신의 한 수였던 셈이다.

전화가 안 오면
먼저 걸자

'나는 다른 사람에게 먼저 전화를 걸고, 인사를 건네는가?'

문득 이런 자문을 해본다. 적극적으로 인생과 인맥을 디자인하고 싶다면 먼저 행동할 줄 아는 사람이 되어야 한다. 예를 들어 차갑고 무심해 보이는 사람을 만났을 때 먼저 인사를 건넨다면 그것은 곧 관심의 의미를 담고 있다. 타인으로부터 존중과 관심을 받는 일은 누구에게나 기분 좋은 일이고, 가는 정이 있으면 오는 정이 있게 마련이다. 만약 한 달 동안 회사 동료들에게 적극적으로 인사를 건넨다면 회사에서 당신의 인기도 급상승하게 될 것이다.

어느 날 고객과 연락처를 주고받고, 내일 전화를 하겠다는 말을 들었다고 가정해보자. 하지만 다음 날 내내 그에게 전화가 오지 않는다면 어떻게 해야 할까? 무작정 전화가 오기만을 기다려야 할까? 아니다. 먼저 전화를 걸어야 한다. 그 사람에게 정말 급한 일이 생겨 전화하는 일을 깜빡 잊었을 수도 있다. 그러니 전화를 걸어보기 전에는 누구도 그 상황을 알 수 없다.

잠재고객에게 전화를 걸어 세일즈를 해야 할 때 당연히 긴장이 될 수밖에 없다. 한 건이라도 실적을 올려야 한다는 부담감과 고객에게 거절당할 수 있다는 걱정이 앞서기 때문이다. 이것은 세일즈맨에게는 피할 수 없는 숙명이다. 그럼에도 이런 상황이 무서워 전화 걸기를 두려워한다면 결국 감나무에서 감이 떨어지기를 기다리며 허송세월을 보낼 수밖에 없다.

그렇다면 먼저 전화를 걸어 뭐라고 해야 할까? 고객이 나를 잘 모르는 상황이라면 당연히 감정적으로 믿음이 생길 리 없으니, 기존 인맥을 총동원해서라도 고객을 안심시켜야 한다. 고객이 A사이고, A사와 B사가 협력관계라면 이 관계를 적극적으로 활용해야 한다. 첫 통화에서 간단하게 통성명을 한 후 이렇게 말해보자.

"저희 광고 회사로 말씀드리자면 국내 유수의 기업을 대상으로 광고 제작을 해왔고, 얼마 전까지 B사와 광고 계약을 맺고 일을 했습니다. 이번에 기업광고를 외주업체에 하청을 주실 계획이라는 얘기를 우연히 전해 듣고 이렇게 연락드렸습니다."

상대방이 경계심을 풀고 호응해온다면 계속해서 공격적으로 나가 미팅 날짜까지 잡아야 한다. 첫 통화의 목표는 거래 성사가 아니라는 점을 유념하고 일단 미팅 기회를 잡는 데 초점을 맞춰야 한다.

물론 이 기회를 잡는 일도 노하우가 필요하다. 대부분의 고객은 바쁘다는 핑계로 미팅을 미루거나 거절하기 일쑤다. 그러나 따지고 보면 직장에서 바쁘지 않은 사람이 있을까? 게다가 바빠 보여야 잘 나가는 것처럼 느껴지니 일단 그렇게 포석을 까는 사람도 있을 것이다. 그렇다면 이런 심리를 역이용해, 나 역시 바쁘지만 고객을 위해서라면 휴가를 반납하고라도 하루 온종일 시간을 비워놓겠다는 성의를 표해야 한다. 그래야 상대의 마음을 움직일 수 있다. 당연히 이런 식으로 약속을 잡기까지 한두 차례는 거절의 아픔을 맛보겠지만 보통 세 번째쯤에는 고객의 마음이 흔들리게 되어 있다.

가장 중요한 인맥은
나중을 위해 아껴두자

나의 진가를 알려 인맥 늘리기에 성공했다면 그것을 합리적으로 활용하는 법을 마스터해야 한다. 인맥은 살아 있는 자원이다. 그것은 사람과 사람을 연결시키는 고리이기 때문에 사용할 때 타인의 감정을 소홀히 대해서는 안 된다.

가장 중요한 인맥은 나중을 위해 아껴두라고 했다. 이 말은 자신이 가진 자원을 꽁꽁 묶어두고 지키라는 말이 아니다. 사실상 인맥을 활성화하려면 인맥을 유동적으로 활용할 줄 알아야 한다.

예전에 돈이 급하게 필요했을 때 주저 없이 큰돈을 빌려줘 나를 감동시킨 친구가 있었다. 어느 날 이 친구가 돈을 빌려달라고 했을 때 나 역시 아무 조건 없이 빌려주었다. 얼마 후 또 돈을 꿔가도 친구니까 당연하다고 생각했다. 그런데 그 일이 또 반복되자 나의 태도가 변하기 시작했다. 내가 친구로서 해줄 수 있는 도리의 한계를 넘어선 것이다.

인맥의 통장 역시 마찬가지다. 사람 간에 주고받을 수 있는 인정의 횟수에는 한계가 있다. 만약 꼬치에서 곶감 빼먹듯 빼내간 자원이 한계치를 넘어섰다면 그 자원이 다시 채워지기 전까지 다시는 기회가 없다. 평소에 자질구레한 일로 남의 도움을 많이 받았다면 정작 큰일로 도움이 필요할 때 거절당할 가능성이 크다.

신중한 인맥관리가 필요한
세 부류

첫 번째는 사회적으로 성공한 부류다.

이런 부류는 풍부한 사회적 자원을 가지고 있어서 주위에 접촉하는 모든 사람이 그의 신분과 능력에 주목한다. 그 역시 사람들이 자신을 이용하기 위해 접근하는 것은 아닌지 경계하느라 무척 예민해질 수밖에 없다.

그들은 자신의 능력으로 쌓은 것을 지키려는 욕구가 강하고, 함부로 남과 나누려 하지 않기 때문에 인정에 얽매이는 일 역시 극도로 꺼린다. 그러니 그들이 친척이나 친구라 할지라도 쉽게 폐를 끼쳐서는 안 된다. 다만, 진짜 절박한 상황에서 처음이자 마지막으로 합리적인 부탁을 한다면, 이런 부류의 사람들은 그동안 한 번도 그런 적이 없었던 점을 감안해 딱 한 번 도움의 손길을 내밀어줄 것이다.

두 번째 부류는 받은 만큼 줄 수 없는 부류다.

수박을 주는데 참깨로 보답할 수밖에 없다면 그 인맥을 이용해서는 안 된다. 인간이라면 누구나 내가 준 만큼 받기를 바라기 때문이다. 본인이 아닌 다른 사람을 위해 이런 부류에게 도움을 청할 때는 특히나 신중해야 하며, 함부로 중간다리 역할을 해서는 안 된다.

사람의 성격은 겉만 봐서는 알 수 없다. 특히 성인군자처럼 보이지만 속으로 계산이 철저한 사람을 주의해야 한다. 주는 만큼 돌려받지 못하는 횟수가 늘어날수록 아무렇지 않은 듯 웃는 얼굴 뒤에 엄청난 반감을 숨기고 있을 확률이 높다. 이런 반감은 정작 꼭 필요해서 부탁할 때 결정적으로 터져나올 가능성이 크다.

세 번째 부류는 지금까지 나를 한 번도 귀찮게 한 적이 없는 사람이다.

이런 사람은 어쩔 수 없는 경우가 아니라면 타인과 일정 거리를 유지하는 게 안전하다고 믿는다. 그들에게 자꾸 무언가를 얻어내려 한다면 그들이 정한 인간관계의 원칙을 깨는 것이고, 결국 엄청난 불만과 악의 섞인 감정을 초래할 수밖에 없다.

그래서 인맥을 활용하는 일에도 적정선이 요구된다. 나에게 A와

B라는 친구가 있다고 가정해보자. A가 B의 도움을 필요로 할 때 두 사람 간의 교환 조건이 평등한지를 먼저 따져봐야 한다. 만약 평등하지 않다면 A에게 자기 입장이 곤란하니 B에게 직접 부탁해보라고 정확하게 의사 표현을 해야 한다.

인맥 디자인 TIP

낙숫물이 댓돌을 뚫는다는 속담이 있다. 그런데 댓돌을 뚫는 데 결정적인 역할을 하는 마지막 한 방울의 낙숫물이 언제 떨어질지는 누구도 장담할 수 없다. 그저 참고 견디며 다음 순간을 기다려야 할 뿐이다.

PART 2
인성을 알면
인맥이 보인다

이 세상에서 타인과 교류하지 않고도 성공을 거둔 사람은
반 고흐가 유일하다. 그렇지만 그의 성공은
그가 죽은 지 100년이 지나서야 가능했다.

안전지대를 벗어나
새로운 인맥에 도전하라

내 취향이 아닌 사람도
인맥이다

미국의 심리학자 스탠리 밀그램은 1960년대에 '6단계 분리이론'을 발표했다. 이 이론을 적용하면 모르는 사람도 여섯 단계만 거치면 다 연결된다. 즉, 사람과 사람 사이에 '느슨한 연결고리'가 존재해서 모든 인맥을 총동원하면 나와 상관없던 사람도 상관 있는 사이가 된다는 말이다. 이런 연결고리는 인맥관리가 생명인 사람에게 황금과도 같은 기회다. 사업 성공의 관건이 인맥에 달려 있기 때문이다.

그런데 이렇게 거대한 인맥 네트워크라는 황금밭을 두고도 모르는 사람과의 접촉을 꺼리는 이가 꽤 많다. 예를 들어 자기를 과시하기 좋아하는 사람이 강한 성격의 사람을 만난다면 소통의 어려움을 느끼게 되고, 결국 그 사람을 자신의 인맥 네트워크에서 제외시킬 것이다. 그러나 자신과 성격이 딱 맞는 사람은 세상에 그리 많지 않다. 성격이 다르다는 이유로 함께 일할 수 있는 좋은 파트너를 잃는 것만큼 어리석은 짓은 없다. 비즈니스 사회에서 인맥을 형성하고 싶다면 개인의 취향은 일단 접어두고 사람과의 연결고리를 이어나가야 한다.

왜 타인을 싫어하는 감정이 생기는 걸까? 문제의 본질은 그 사람의 외모가 아니라 자신에게 그들을 파악하고 제어할 능력이 없다는 데 있다. 그래서 타인을 만났을 때 상대방이 자신보다 강해서 불리하다고 판단되면 친분관계를 과감히 포기해버린다.

사실, 상대마다 다른 소통방식을 잘 적용하고 활용할 줄만 안다면 어떤 성격의 상대방을 만나도 그 사람의 장점을 끄집어내 나의 귀인으로 만들 수 있다. 인맥을 만들고 싶다면 안전지대를 벗어나 공격적인 전략을 취하고, 때로는 싫어하는 사람과도 친분을 맺을 줄 알아야 한다. 편견을 버리고 몇 번 인사를 나누다 보면 그 사람의 전혀 새로운 면이 눈에 들어오게 되어 있다.

인간관계에 늘 따라다니는 갈등과 취향의 차이를 걱정하며 자신만의 안전지대만 고수한다면 인맥의 폭은 절대 넓어질 수 없다. 설사 친분을 쌓는 데 실패해도 실망할 필요는 없다. 그 경험 덕에 새로운 인맥을 만드는 길이 훨씬 순탄해지기 때문이다. 자신을 안전지대 안에 가두고 우물 안 개구리로 살기 싫다면 가야 할 길 앞에서 주저하지 말고, 만나야 할 사람을 가리거나 피하지 말고, 싸워야 할 일이 있으면 맘껏 싸우며 인생의 길을 다져나가야 한다.

낯선 사람과의 만남을 두려워하지 말고 먼저 다가가보자. 머지않아 그 낯선 사람이 잘 아는 사람으로 바뀌면서 인맥통장에 잔고도 차곡차곡 쌓일 것이다.

웃는 얼굴이
항상 환영받을까?

흔히 웃는 얼굴이야말로 인간관계의 윤활제라고 말한다. 물론 웃는 얼굴은 상대방을 기분 좋게 만들고, 심리적 거리감을 줄여주며, 어색하고 불편한 분위기를 부드럽게 바꿔준다. 당연히 이 말 자체에는 아무 문제가 없다. 다만, 웃는 얼굴의 사용법을 제대로 숙지하지 못하고 쓰는 사람이 문제다. 길거리에서 누군가 웃으며 나에게 다가온다면 혹시 도를 믿으라고 접근하는 사람이거나 판촉사원으로 오해하기 십상이다.

샤오궈는 나의 애독자이자 정말 성실한 세일즈맨이다. 그는 매일 발이 닳도록 고객을 찾아다니고, 틈틈이 전문지식도 쌓아가며 하루하루를 알차게 보냈다. 하지만 열심히 일하는 것에 비해 실적은 무척 저조했다. 게다가 늘 발 벗고 나서서 동료들을 도와주는데도 그에 대한 사람들의 평가는 참 인색했다. 그러고 보니 나도 그들과 다를 게 하나도 없다. 만나는 사람마다 내 책을 홍보해주는 고마운 사람인데도 별로 호감이 생기지 않았으니 말이다.

샤오궈가 이런 고민을 내게 털어놓았을 때 이 성실한 젊은이를 꼭 도와주고 싶은 마음이 들었다. 그래서 나는 그에게 호감이 가지 않았던 이유를 먼저 돌이켜보았다. 그때 문득 한 가지 문제점이 떠올랐다. 바로 그의 웃는 얼굴이었다.

내가 처음 샤오궈를 만나던 날 그의 얼굴에서는 사람 좋은 미소가 떠나지를 않았다. 그런데 만남이 반복될수록 그의 한결같은 이 표정이 부담스러워지기 시작했다. 그는 사람을 만날 때면 언제 어디서나 자동으로 미소를 짓도록 정보가 입력된 로봇 같았다.

물론 그는 모나지 않은 성격의 좋은 사람이다. 그렇지만 그의 미소만큼은 상대방을 참 불편하게 만들었고, 진중하고 듬직한 남자의 모습과도 거리가 멀었다. 한마디로 그는 '무게감'이 없었다. 특히 처음 만나는 자리에서 마치 태생적으로 화낼 줄 모르는 사람처럼 미소를 절제할 줄 모른다면 그 사람 자체가 가볍게 느껴질 수밖에 없다.

내가 샤오궈에게 이런 문제점을 지적했을 때 그의 대답은 너무나 뜻밖이었다. 그는 자신의 미소가 피나는 연습의 결과라고 말했다. 다른 사람과 좀 더 빨리 가까워지기 위해서 그는 언제라도 웃을 수 있게 직업적인 미소를 연습한 것이다. 그제야 해결의 실마리가 보이는 듯했다.

나는 그에게 가장 이상적인 인간관계는 양보와 배려를 아는 긍정적인 마음과 허물없이 다가가되 원칙을 고수하는 절제가 필요하다고 충고했다. 미소는 사람의 마음을 움직이는 무기가 맞다. 그런데 이 무기는 정확한 사용법을 알지 못하면 무용지물이 되고 만다.

"미소도 희소가치가 있어야 사람의 마음을 움직일 수 있다."

나는 이 말을 샤오궈에게 해주었고, 그제야 그는 미소에 담긴 성공 비결을 깨우친 듯했다.

한마디 덧붙이자면, 나는 서비스업에 종사하는 사람들의 스마일 연습이 영 탐탁하지 않다. 입꼬리를 올리고, 치아가 여덟 개 정도 보이도록 웃는 접대용 미소가 부담스럽기 때문이다. 모르는 사람을 만났을 때 눈빛으로 호의를 전달하는 것이 이런 규격화된 미소를 짓는 것보다 훨씬 중요하다고 본다.

7초 동안
날 알릴 수 있을까?

자신의 이미지를 관리하는 일은 의외로 중요하다.

어느 심리학자가 이런 실험을 한 적이 있다. 그는 금테 안경을 쓰고 서류가방을 든 말끔한 신사, 패셔너블하게 차려입은 예쁜 아가씨, 장바구니를 들고 피곤함에 지친 표정이 역력한 아줌마, 지저분한 헤어스타일과 옷차림의 남자를 대로변에 세워두고 택시를 잡게 했다. 그 결과 예쁜 아가씨와 말끔한 신사는 성공률이 높았고, 지저분한 스타일의 남자는 택시를 거의 잡지 못했다.

옷과 헤어스타일은 그 사람의 신분을 드러내는 중요한 수단이고, 그 수단을 얼마나 잘 활용하느냐에 따라 기회를 잡을 확률도 달라진다. 단지, 외모로 사람을 평가해서가 아니다. 첫인상의 중요성은 누구나 인지하고 있다. 한 연구에 따르면 50퍼센트 이상이 첫인상으로 외모를 꼽았다. 깔끔하고 호감이 가는 외모가 상대방에게 신뢰를 주고, 나를 대하는 사람들의 태도를 결정짓는다.

세상이 빠르게 돌아갈수록 사람을 보고 판단하는 데 걸리는 시간도 초스피드로 짧아지고 있다. 사람들은 처음 보는 첫인상을 통해 그 사람의 가치를 단숨에 판단해버린다. 예를 들어 누군가와 대화를 나눌 때 간간이 상대의 시선을 사로잡는 명품시계 하나가 나의 품격을 높이고 상대의 마음을 빼앗는 데 지대한 공을 세울 수 있다. 이것은 마치 부자가 돈을 빌려 가면 떼일 것을 염려하지 않는 심리와 같다. 대부분의 사람이 돈 앞에서는 참 약해지기 때문이다.

이미지는 인맥을 넓히는 데도 중요한 역할을 한다. 이것은 금전적 여유가 있는 사람에게만 해당되는 말이 아니다. 자신의 이미지를 경제적으로 관리할 방법은 얼마든지 있다. 여성의 경우 얼굴보다 헤

어스타일이 전체 이미지를 좌우하는 데 결정적인 역할을 한다. 건강하고 윤이 나는 모발을 가지고 있는 여성이라면 찰랑거리는 긴 생머리로 건강미와 섹시미를 드러낼 수 있고, 머릿결이 안 좋은 여성이라면 짧은 헤어스타일로 자신감 넘치는 커리어우먼의 이미지를 만들 수 있다.

남성의 경우는 악수를 하면서 중요한 정보를 전달할 수 있다. 성공을 상징하는 멋진 시계를 차고 누군가와 악수를 하는 모습을 상상해보자. 만약 악수를 할 때 손에 힘이 없고, 긴장으로 땀이 배어 있거나, 눈치를 보듯 소심하게 손을 내민다면, 상대방에게 절대 신뢰를 줄 수 없어 주도권을 빼앗길 것이다.

자신의 매력을
적극적으로 드러내자

누군가를 처음 만날 때는 표현방식에 특히 주의해야 한다. 자칫 잘못하면 말의 틀 안에 내가 갇혀버릴 수 있다. 예를 들어 함께 커피를 마신다면 절대 이런 식의 말을 해서는 안 된다.

"여기 분위기가 정말 별로네요."

"의자가 왜 이렇게 불편하지요?"

"아, 정말 짜증 나네요! 사람이 너무 많아서 시끄러워 죽겠어요."

그럼 상대방은 나를 아주 까다롭고 부정적인 사람으로 판단하기 쉽다. 누구나 부정적인 말에 거부반응을 보이는 잠재의식이 있다. 그래서 "별로다", "짜증이 나 죽겠다", "시끄러워 죽겠다" 등과 같은 말을 하는 사람을 잠재의식에서 쫓아내려 한다. 반면, 늘 자기가 좋아하는 것을 이야기하고, 좋은 면만 보고 말하는 긍정적인 사람은 사람들을 끌어당기는 마력이 있다.

잠재의식의 작용은 다음 두 그룹의 단어를 비교해보면 확연하게 드러난다. 첫 번째 그룹에는 따뜻함, 편안함, 안정, 햇살, 상쾌함, 여유, 쾌적함, 부드러움, 조용함, 눈부심, 행복 등의 단어가 있고, 두 번째 그룹에는 짜증, 답답함, 두통, 스트레스, 우울, 고통, 침울, 초조, 불안, 혼란, 집착, 통증, 괴로움 등의 단어가 있다. 이 두 그룹의 단어를 보고 나면 누구나 전혀 다른 느낌을 받게 된다. 그래서 긍정적으로 자신을 표현하려고 노력해야 한다. 이것이야말로 사람을 내 주위로 끌어모으는 힘이다.

인맥 디자인 TIP

살다 보면 정말 다양한 사람을 만나게 되고, 그 사람들이 모두 나를 좋아할 수는 없다. 다만, 인간관계에서 한 가지 변하지 않는 원칙은 있다. 바로 자신이 가지고 있는 가장 최고의 모습을 보여주어야만 상대방의 신뢰와 호감을 얻을 수 있다는 것이다.

사자가 되려면
사자 무리 속으로 들어가라

인맥을

거울로 삼자

"당신이 누구인지는 전혀 중요하지 않다. 진짜 중요한 것은 당신이 누구와 함께 있느냐이다."

인맥 네트워크에도 등급이 있다. 성공한 사람의 인맥 네트워크는 실패한 사람보다 훨씬 방대하고, 사회적으로 영향력 있는 사람들로 엮인다. 그런 사람들과의 만남은 장점이 넘쳐난다. 잘난 사람은 배울 가치가 충분한 좋은 본보기이기 때문이다. 그들을 보며 나의 단점과 부족한 면을 깨닫게 되고, 그들의 성공과 실패의 경험을 통해 교훈을 얻을 수도 있다.

'여산의 진면목을 알 수 없는 까닭은 단지 이 몸이 이 산속에 있기 때문이다'라는 말이 있다. 중국 송나라 때 소식(蘇軾)이 지은 『제

서림벽(題西林壁)』이라는 시의 구절이다.

사람의 가장 큰 적은 자신이다. 그리고 자신과 싸워 이길 가장 강력한 무기는 자신을 아는 것이다. 하지만 문제는 자신을 아는 일이 결코 쉽지 않다는 데 있다.

자기보다 훨씬 잘난 사람과의 교류가 싫고 꺼려진다면 자신을 돌아보며 그 원인을 찾아봐야 한다. 이때 대부분의 사람이 자신의 생활을 돌이켜보며 밥 먹고, 옷 입고, 놀고, 배우는 데 얼마의 시간을 쓰며 살았는지 꼼꼼히 따져볼 것이다. 이것이 바로 그들이 성공하지 못하는 이유 중 하나다. 그들은 인맥 개척과 관리에 투자한 시간과 노력의 중요성을 간과했다. 그러다 보니 친구들의 면면을 살펴봐도 잘나가는 사람을 거의 찾아볼 수 없다. 심지어 비슷한 수준의 사람들을 만나는 게 편하다는 이유로 잘난 사람과의 만남을 꺼린다. 그들과 대화 수준을 맞추기 위해 나를 바꾸는 노력을 해야 하는 게 너무 힘들어서다. 따지고 보면 이것이 다 그들이 심리적으로 나약한 탓이다.

만약 생활에 만족할 수 없다면 벗어나기 위한 첫걸음을 떼어야 한다. 그리고 그 시작은 나보다 잘난 사람을 곁에 두는 것으로부터 시작해야 한다. 물론 잘난 사람과 같이 있으면 질식할 정도의 압박감을 느낄 수 있다. 그러나 이런 심리적 부담이야말로 나의 승부욕, 열정을 불러일으키고 근성을 키우는 좋은 약이 된다.

나에게 현실에 안주하며 사는 친구가 다섯 명 있다고 가정해보자. 내가 지금까지 번 돈과 대출금으로 창업하고 싶다고 했을 때 그 친구들의 반응은 몹시 부정적이기 쉽다.

"왜 괜히 사서 고생을 해? 그러다 망하기라도 하면 어쩌려고? 월급 받으면서 사는 게 최고야."

그럼 그 말에 쉽게 마음이 흔들리게 된다. 그래서 이번에는 창업 대신 아파트를 분양받으면 어떻겠냐고 말을 꺼내보지만 역시 돌아오는 대답은 비슷하다.

"야, 뭐하러 대출금 갚아가며 아파트를 사? 월세 사는 게 속 편해. 집이야 잠만 자면 되는데 뭐하러 없는 빚까지 내서 사냐!"

아마 이런 말을 듣다 보면 집을 사는 것도 다 부질없다고 생각하게 될 것이다.

반대로 몇십억 짜리 아파트에 살며 외제차를 몰고 다니는 친구가 다섯 명 있다고 가정해보자. 이 친구들과 달리 자신은 아직도 월세 신세를 면치 못하고 있다면 어떨까? 아마 자신이 한없이 초라하게 느껴질 것이다. 하지만 이것을 긍정적으로 발전시킨다면 상황은 달라진다. 그 상황을 벗어나기 위해 돈을 벌 길을 물색하고, 더 나은 삶을 살기 위한 노력으로 인생을 채워나가려 하기 때문이다.

그래서 사람은 누구를 만나고 곁에 어떤 사람을 두느냐에 따라 180도 다른 인생을 살아가기도 한다.

인생을 바꾼
편지 한 통의 인연

중국 연예인 왕강의 이야기를 해보려고 한다. 그는 초등학생 시절에 당시 주석이었던 마오쩌둥에게 존경의 마음을 한가득 담아 편지를 보냈다. 그리고 그것이 인연이 되어 그의 인생이 달라졌다. 당시 그는 전혀 눈에 띄는 학생이 아니었다. 성적도 좋지 않고, 선생님들의 주목을 끌 만한 재능도 없었다.

어느 날 담임 선생님이 평소와 달리 환한 미소를 지으며 그를 부르더니 교장실로 가보라고 했다. 교장 역시 무척 기분이 좋은 듯 웃으며 그에게 우피종이로 만든 편지봉투를 건네며 물었다.

"혹시 집안에 당 중앙에서 일하는 친척이 계시니?"

알고 보니 그 편지는 중국 공산당 중앙위원회 판공실에서 보낸 격려의 편지였다. 이 사실이 학교에 퍼지면서 열 살짜리 왕강은 순식간에 학교 유명 인사가 되어버렸다. 보잘것없는 한 아이에서 주석과 편지를 주고받는 특별한 아이로 거듭나는 순간이었다. 그 후로 왕강은 모두의 격려와 칭찬을 거름 삼아 품행이 바르고 성적도 우수한 학생으로 성장할 수 있었다.

이 이야기 속에서 우리는 인생의 또 다른 면을 발견할 수 있다. 누구나 인적 네트워크를 넓혀 발전시키고 싶다면 스스로 그 길을 개척해야 한다. 이때 사회적으로 모두의 존경받는 인물과의 인연은 우리의 삶을 새롭게 바라보는 계기가 될 수 있다. 다만, 그런 사람은 우리와 다른 세계에 존재하는 것만 같아 쉽게 다가가기 힘들다. 하지만 이것은 스스로 만든 벽일 뿐이다. 새로운 인연을 만들고 싶다면 내가 먼저 그들에게 다가서야 한다.

요즘처럼 통신수단이 발달한 시대에는 이메일, 문자메시지, SNS 등을 활용하면 너무나 편리하고 빠르게 인연을 만들고 유지할 수 있다. 다양한 소통의 창구를 이용해 세상의 존경받는 인물을 나의 인맥 안으로 끌어들인다면, 내 인생의 무대와 세상을 보는 시야를 넓혀주는 역할을 해줄 것이다.

책을 읽어
내면의 깊이를 더해보자

잘난 사람과 함께 있을 때 어떤 대화를 나눠야 할까? 가장 좋은 대화 주제는 바로 '생각'을 나누는 것이다. 어떤 책을 읽고 느낀 생각을 얘기하다 보면 깊이 있는 대화가 가능해지고 공감대도 쉽게 형성된다.

대다수의 사람이 화술 관련 책을 찾는 것도 소통의 기교가 인간 관계에 영향을 미친다고 여기기 때문이다. 하지만 내실이 다져지지 않은 기교는 모래 위에 지은 성과 같다. 머릿속에 저장된 지식이 없다면 금세 대화는 단절되고 자신감도 수그러든다. 대화를 주도하는 노하우도 물론 중요하다. 열 가지 일을 이야기할 때 모르는 것이 아홉 가지라면 상대방에게 호감을 줄 수 없고, 어쩌면 인연도 한 번으로 끝나버릴 수 있다.

그렇다면 잘난 사람의 관심사는 뭘까? 그들은 어떤 대화에 흥미를 느낄까?

책은 내 지식의 스펙트럼을 늘려줄 가장 훌륭한 보물창고이고, 사고와 인적 교류의 질적 가치를 높여준다. 이것은 대화의 기교를 연마하는 것만으로는 결코 채울 수 없는 부분이다.

우리는 자신과 비슷한 사람들과 만나서 얘기하는 것을 즐기는 경향이 강하다. 관점, 개성, 배경 혹은 생활방식을 막론하고 나와 비슷한 부분이 많을수록 호감을 느낀다. 그래서 타인과의 만남에서 호감을 주고 싶다면 그와 비슷한 면을 가능한 한 부각시켜야 한다.

예를 들어 정말 똑똑하고 사회적으로 잘나가는 사람을 만날 기회가 생기면 그 사람이 평상시에 즐겨 읽는 책에 관심을 보여주자. 이런 화제는 민감한 부분을 건드리는 것도 아닌 데다 알게 모르게 상대방의 인품과 지성을 엿볼 좋은 계기가 된다. 이때 나 역시 관련 지식을 많이 가지고 있다면 상대방과의 관계가 한층 가까워질 수 있다.

제스처를
적극 활용하자

예전에 흥미로운 만화를 본 적이 있다. 세일즈맨 두 명이 고객에게 제품을 판매하는 과정을 그린 만화였다. 그중 한 명은 낮은 문을 지나가다 실수로 머리를 부딪혀 붕대를 감았고, 또 다른 한 명 역시 길을 걷다가 나무에 부딪혀 팔에 깁스를 했다.

만약 이 두 사람이 똑같은 세일즈 방법으로 똑같은 제품을 판매

한다면 고객의 마음은 과연 누구에게 향하게 될까? 아마 대부분의 사람이 팔에 깁스를 한 세일즈맨이라고 대답할 것이다. 머리에 상처를 입은 세일즈맨에 대한 신뢰도가 떨어질 수 있기 때문이다.

그러나 답은 정반대로 나왔다. 팔이 다친 세일즈맨의 패배였다. 우리가 상대를 볼 때 가장 먼저 눈에 들어오는 것이 바로 외모와 특유의 제스처다. 특히 제스처는 그 사람의 느낌이나 의도를 전달하는 가장 강력한 메시지다. 팔에 깁스를 한 세일즈맨은 손을 제대로 움직이지 못하다 보니 경직된 느낌이 들고, 흡인력이 떨어질 수밖에 없다. 결국 상대방의 집중력이 떨어지고 대화의 공감대 형성이 어려워진다.

친구 중에 기업체 직원을 대상으로 강연을 하는 유명 강사가 있다. 평상시에 그 친구와 식사를 할 때면 그 시간 동안은 내가 어떤 말을 해도 그저 묵묵히 식사를 하며 고개를 끄덕여주고, 약간의 호응을 해주는 게 전부다. 그리고 식사를 마치고 차를 마시는 타임이 되면 식사 시간에 나왔던 주제에 대한 깊이 있는 대화를 주도했다. 그때 그는 다양한 제스처로 이야기의 전달 효과를 높였고, 때로는 상대방의 이해를 돕기 위해 앞에 놓인 찻잔이나 접시 등을 효과적으로 사용하기도 했다.

그의 이런 제스처와 사물 활용법은 말하고자 하는 메시지를 확실히 전달하는 효과를 냈고, 이 점은 내가 봤던 위의 만화 내용과 별반 다르지 않았다. 그만큼 제스처는 대화를 부드럽게 이끌고 상대의 마음을 얻는 흡인력을 발휘한다. 따라서 성공을 꿈꾸는 사람이라면 말뿐 아니라 몸으로 표현하는 언어에 익숙해져야 한다.

대화를 나눌 때, 혹은 사람들 앞에 섰을 때 자신의 손을 어떻게 처리해야 할지 모르겠다면 한 가지 비결이 있다. 지금 당장 춤을 배우는 것도 좋은 방법이다. 어떤 춤이든 상관이 없다.

사실, 내성적인 사람일수록 몸으로 표현하는 언어가 줄어드는 경향이 강하다. 그러나 몸짓으로 표현하는 언어가 풍성해지면 외향적이고 자신감이 넘치는 사람으로 얼마든지 바뀔 수 있다.

인맥 디자인 TIP

누구를 알고 지내느냐에 따라 당신이 보는 세상이 달라진다. 미국 나스닥에 상장된 영어 교육업체를 이끌고 있는 위민홍 회장이 이런 말을 했다.

"당신이 지금 얼마의 가치가 있는지 알고 싶다면 가장 친한 친구 세 명의 평균 수입을 계산해보면 됩니다."

승진,
실력을 키우고 주변을 잘 살펴라

관찰을 앞세워
_____

금맥 뚫기
_____

승진은 직장인이라면 누구나 예외 없이 관심 갖는 1순위의 일이다. 쾌속 승진을 하고 싶다면 냉철하고 주의 깊게 주변의 상황을 관찰하는 지혜가 필요하다. 이런 지혜는 타고나는 것이 아니라 후천적인 노력으로 얻을 수 있다.

회의할 때 상사 눈에 안 띄는 자리에 즐겨 앉는지, 사장이 말할 때 머릿속으로 퇴근할 생각만 하는지 자신을 한번 돌아보자. 지금까지 늘 이런 식으로 관찰과 거리가 먼 직장생활을 했다면 기회 역시 점점 멀어질 수밖에 없다.

승진을 결정하는 최고 책임자는 바로 사장이다. 실력도 중요하지만 그가 어떤 인재를 더 선호하는지 안다면 좀 더 빨리 승진의 기회를 잡을 수 있고, 그것을 가능하게 돕는 수단이 바로 관찰력이다.

토끼를 키울 때 그냥 무심하게 키워서는 그 토끼가 무슨 생각을 하고 있는지 절대 알 수 없다. 하지만 관심을 갖고 유심히 관찰하다 보면 주위가 조용할수록 토끼가 활동적으로 변한다는 사실을 알 수 있다. 청각이 예민한 토끼가 소음에 스트레스를 받지 않기 때문이다. 이런 사실을 알게 되면 토끼가 조용한 환경에서 자랄 수 있도록 좀 더 신경을 쓰게 되고, 토끼와의 행복한 동거가 가능해진다.

사장 역시 마찬가지다. 직원이 사장과 개인적으로 만날 기회가 흔치 않다 보니 가능하면 회의 등 다양한 루트를 통해 그를 관찰하고 이해하는 노력이 필요하다.

누군가는 공적인 회의를 통해 무엇을 알 수 있느냐고 반문할지 모른다. 그러나 관찰력만 있다면 그가 어떤 식으로 회의를 이끌고 발언을 유도하는지, 다양한 의견을 어떻게 수렴하는지 등 다방면으로 그의 성향을 파악할 수 있다. 그 속에서 리더십을 배울 수 있고, 회의에서 얻고자 하는 진짜 목표가 무엇인지 파악할 수 있고, 무심코 내뱉은 한마디 속에서 기회가 될 중요한 단서를 포착할 수 있다.

관찰의 장점을 알았다면 이제 해야 할 일은 상대의 말에 귀를 기울이고, 그 행동 하나하나를 유심히 살피는 노력을 시작해야 한다.

사장이 원하는 것을 정확히 간파했다면 사장과의 심리적 거리를 줄이고 물리적 거리를 최대한 멀리 유지해야 한다. 심리적 거리를 줄이라는 말은 무엇일까? 그것은 사장의 의중을 살피고, 그 결정에 전폭적인 지지를 아끼지 않으며, 신임을 얻는 것을 의미한다. 반대로 물리적 거리를 멀리해야 한다는 말은 동료들의 시선이 미치는 범위

안에서 사장과 일정 거리를 유지하는 것을 의미한다. 매일 사장을 위해 차를 탄다거나, 사장실을 들락거리는 횟수가 잦아진다면 동료들 사이에서 비난의 대상이 되기 쉽고, 직원들 간의 형평성을 고려해야 하는 사장 역시 심리적 압박을 느낄 수밖에 없다.

승진을 위한
대화의 기술

승진하고 싶다면 적극적인 자기 홍보를 통해 인맥의 폭을 넓혀야 한다. 이때의 인맥은 단순히 내 휴대전화에 저장되어 있는 연락처나 안면이 있는 정도를 의미하는 게 아니다. 나의 능력을 인정해주고 기회가 오면 나를 떠올릴 만큼의 깊이 있는 인맥이다. 이런 인맥을 만들기 위해서는 무엇보다 대화의 기술이 필요하다. 대화의 과정에서 자신의 가치와 능력을 인정받으면 기회를 얻을 가능성이 높아진다.

인맥을 만든답시고 회식이나 모임에 절대 빠지지 않는 사람들이 있다. 그들의 목적은 오로지 상사나 잘나가는 사람에게 눈도장을 찍는 것뿐이다. 이런 식의 친분은 아무 쓸모가 없는 '속 빈 인맥'이다. 우리에게는 실전에 유용한 '알찬 인맥'이 필요하다.

직장에서 인정받고 싶다면 대화의 기술을 연마해야 한다. 대화는 각종 유용한 정보와 경험을 교류할 수 있는 수단이다. 이 수단을 잘 활용해야 자신의 업무력을 드러낼 수 있고, 동료들이 필요로 할 때 실질적인 도움을 주며 직장에서의 영향력을 키워나갈 수 있다.

내가 누군가를 도와주었을 때 그 사람이 나의 능력을 인정했다면 그만큼 기회에 한 발짝 다가가는 셈이다. 인맥은 억지로 엮는 것이 아니라, 대화와 교류를 통해 실력을 인정받으면서 서서히 축적되어 가는 것이다.

변화를
수용하자

진나라 시대에 살았던 진승은 제왕을 꿈꾸었던 가난한 농민 출신이다. 그는 농민봉기를 일으켜 왕이 되기 전까지 밭을 갈고 품삯을 받아 살던 천민이었다. 어느 날 그가 해가 뉘엿뉘엿 지는 논두렁을 걸어가며 친구에게 말했다.

"우리는 나중에 부귀해지더라도 절대 서로 잊지 말자."

그러나 그는 왕이 된 후 가난한 시절을 함께했던 그 친구를 죽여 버리고 만다. 사마천은 《사기》에서 그 이유를 대략 이렇게 정리했다.

'친구가 대신들이 보는 앞에서 진승을 섭(涉, 진승의 자(字))이라고 불렀다. 이미 왕이 된 진승은 그가 무척 무례하다고 느꼈지만 한 번은 참고 넘어가주었다. 그 뒤로도 가난한 친구는 진승이 허세를 부린다며 대놓고 얘기했다. 진승은 당연히 화가 났지만 그를 탓하지 않았다. 그러나 남의 집 밭을 갈던 시절의 이야기를 꺼내는 순간 진승은

더 이상 참지 못하고 그 친구의 목을 베어버렸다.'

어릴 때는 진승의 가난한 친구가 한없이 불쌍하고, 출세를 위해 의리와 정을 저버린 진승은 폭군처럼 느껴졌다. 그런데 세월이 흘러 연륜이 쌓이고 나니 문득 이런 생각이 들었다.

'진승의 가난한 친구가 그의 아킬레스건을 건드려 스스로 화를 자초한 것은 아닐까?'

직장에서도 그렇다. 때와 장소를 가리지 않고 남의 아킬레스건을 건드리면 서로 간에 불신의 벽만 높아지고 결국 등을 돌리게 된다. 승진을 염두에 두고 있다면 다른 동료들과 나의 차이를 인정하고 변

화에 적응해야 한다. 자칫 잘못하면 그동안 직장 내에서 쌓아온 모든 노력과 인맥이 산산조각 날 수 있다.

큰 찻잔에 든 차를 작은 찻잔에 부을 때 입구를 아무리 가까이 가져다 대도 조금은 새게 마련이다. 이때 찻잔을 높이 들어 거리를 두고 따르면 차가 물 흐르듯 쪼르륵 잔 속으로 떨어지게 된다. 이런 이치대로 인간관계 역시 서로의 상처를 건드려 터뜨리지 않을 만큼 적당한 거리를 유지해야 한다. 두 사람 사이의 지위와 업무상에 변화가 생긴 상황에서 오랜 친분 혹은 우정을 망치고 싶지 않다면 적당한 심리적 거리가 필수다. 그래야만 불필요한 갈등을 피할 수 있다.

예를 들어 이런 상황이 닥쳤을 때 어떻게 처리해야 할지 생각해보자. 월요일 회의 시간에 사장이 이런 말을 했다.

"팀장 자리가 비어서 내부 인력 중에서 지원을 받을 생각입니다. 지원하고 싶은 사람이 있으면 내 이메일로 의사를 밝혀주세요."

나는 지원하고 싶은 마음이 굴뚝같지만 동료들은 다들 기가 막힌 듯 코웃음을 칠 뿐이다.

"쳇, 누가 이메일로 지원하겠어? 이미 내정된 사람이 있을 텐데, 괜한 헛짓거리만 하는 거지."

이때 침묵을 지키는 것도 좋은 방법이다. 굳이 자기 생각을 밝혀 분위기를 어색하게 만들 필요도 없고, 따돌림이라도 당할까 봐 두려워 그들의 생각에 동조할 필요도 없다. 그들과의 심리적 거리를 유지하고 그들의 생각을 인정하되, 내가 원하는 길을 걸어가는 용기가 있어야 한다.

승진을 하기 위해서는 다른 사람보다 더 눈에 띄는 노력과 결과물이 필요하다. 물론 처음에는 동료들의 시기와 질투 어린 시선을 견뎌내야 한다.

질투의 마음은 누구에게나 있다. 특히 자신이 남들보다 잘난 게 별로 없거나 남이 나보다 잘나갈 때 그런 마음이 더 쉽게 든다. 만약 내가 질투의 대상이 되어 승진에까지 영향을 줄 정도라면 먼저 나서서 동료를 돕고 내가 가진 능력을 함께 나누는 것도 하나의 방법이다. 그러다 보면 나를 향한 질투의 감정도 서서히 사라지고 인간적으로 참 좋은 사람이라는 인상을 심어줄 수 있다.

승진을 한 후에도 풀어야 할 숙제는 남아 있다. 동료가 하루아침에 부하 직원으로 변한 상황에 적응하고, 위계질서를 바로잡아야 할 뿐 아니라 자리에 맞는 리더십도 필요하다. 다만, 모든 직원의 수준을 나에 눈높이에 맞추거나 그 이상의 수준을 요구하기 위해 그들을 닦달하는 것만은 피하는 게 좋다.

간혹 직장 내에서 상사 자리에 있는 사람들이 내게 이런 고충을 털어놓을 때가 있다.

"내 눈에 차는 직원이 한 명도 없어요. 다들 내가 나서서 다그쳐야 간신히 따라오니 답답할 따름입니다."

내가 보기에 그들은 자신보다 더 능력 있고 책임감 있는 부하 직원을 원하는 듯했다. 하지만 이 또한 욕심이다. 부하 직원이 그보다 더 능력이 있다면 진작 승진해야 할 사람은 그가 아니었을 테니까 말이다. 그러니 상사라면 능력 없는 직원을 탓하기에 앞서 그의 발전을 이끌어줄 수 있어야 하고, 이것이 바로 그에게 요구되는 리더십이다.

또한 승진은 역할의 전환이 동반되어야 한다. 승진 전까지 '단순히 함께 일하는' 단계에 머물러 있었다면, 승진 후에는 '업무 지시, 분담, 관리, 조언, 문제 해결' 등을 원활히 수행하는 리더십을 키워야 한다.

처음 시작할 때는 직원들과의 불협화음이 생길 수도 있지만 지극히 정상적인 과정이니 걱정할 필요는 없다. 시간이 지나면 '본능적으로' 혹은 '서로의 발전을 모색하는 노력'을 통해 새로운 업무관계가 만들어질 것이다.

인맥 디자인 TIP
나에게 없는 것을 가지고 싶다면 지금까지 해본 적이 없는 일에 도전해야 한다. 승진을 위한 노력은 물론 오늘 자신의 발전을 위해 아무 시도조차 하지 않는다면 언제까지나 제자리걸음을 면하기 힘들다.

상대와 공감할
나만의 '비밀' 하나쯤은 준비해두자

정보의 진위

구별하기

　우리는 매일 정보의 홍수 속에 빠져 산다. 그런데 직장에서 일할 때 이 정보를 제대로 걸러 듣지 않으면 의도치 않은 낭패를 볼 수 있다. 주변인들과 친분을 유지하기 위해 정보의 교환이 필연적으로 따라줘야 한다. 사람들이 나를 이해할 수 있어야 나와 가깝게 지낼지, 아니면 거리를 둘지를 선택할 수 있기 때문이다. 마찬가지로 내가 타인을 대하는 태도 역시 정보의 힘에 좌지우지된다. 만일 잘못된 정보를 수집했다면 모든 일이 예상했던 궤도를 벗어나고 만다.

　내가 알고 지내는 회사 중역 혹은 사장들의 공통된 관심사는 딱 하나였다. 그들은 어떻게든 임금을 동결시킨 채 직원들만 더 열심히 일해주기를 바란다. 그중 한 사람에게 이런 질문을 한 적이 있다.

"직원들이 목숨 걸고 회사를 위해 일하기를 바란다면 그에 상응하는 대가를 지불해야 하는 게 당연한 원칙 아닌가요?"

그의 대답은 무척이나 솔직했다.

"그렇죠. 하지만 이윤을 추구하는 기업주의 입장은 다를 수밖에 없습니다. 그래서 생각해낸 방법이 그들에게 미래를 약속하고 열심히 일할 동기를 부여하는 거죠."

이게 바로 내가 이 사람과 알고는 지내지만 친구가 될 수 없는 이유다. 그런데 이 경영 비결이 갓 졸업한 대학생들에게는 너무나 잘 먹혀들었다. 예전에 이 사람이 낸 채용공고를 본 적이 있다. 자세히 들여다보니 젊은이들에게 날개를 펼칠 기회를 제공하는 회사라고 소개되어 있었다. 게다가 세일즈 실적이 좋으면 사무직으로의 전환도 가능하다고 했다. 달리 말하면 군소리 없이 회사에 충성을 바쳐 일하고, 사장의 눈에 들면 기회를 주겠다는 이야기였다. 실적의 기준이나 충성도는 오직 사장 마음이었다.

사실, 그와 얘기를 나누면서 젊은이들에 대한 그의 평가가 무척 부정적이라는 생각을 지울 수 없었다. 그의 눈에 비친 젊은이들은 모두 비현실적으로 눈만 높은 소모품에 불과했다.

나는 그의 경영방식은 솔직히 마음에 들지 않았다. 그런데도 지금까지 그와 친분을 유지하고 있는 이유는 꿈을 향해 앞만 보고 달려야 하는 젊은이들에게 이 또한 좋은 발판이 될 수 있다는 것을 누구보다 잘 알기 때문이다. 만약 그들이 그곳에서 더 높은 곳을 향해 날아갈 수 있는 에너지를 충전했다면 얼마든지 더 좋은 곳에서 둥지를 틀 수 있을 것이다. 다만, 시간을 낭비하고 싶지 않은 사람이라면 상황은 달라진다. 그들은 아무리 노력해도 승진과 월급 인상을 기대할 수 없는 현실 앞에서 잘못된 정보에 현혹되었던 자신의 실수를 뼈저리게 후회할지 모른다.

사실, 정보의 진위 여부를 판별하는 것이 결코 어려운 것만은 아니다. '지피지기면 백전백승'이라고 했다. 그 회사에 관한 정보를 많이 찾아 읽고, 세심하게 관심을 기울인다면 그들의 기업윤리, 경영관 그리고 젊은 인재의 발전을 위해 어떤 노력을 하는지 어느 정도 파악할 수 있다. 더불어 정보를 손에 넣었다면 그 정보를 선택한 결과가 장기적으로 봤을 때 나에게 해가 될지 득이 될지를 판단한 후, 자신의 미래를 위해 현명한 선택을 해야 한다.

말과 행동을
늘 조심하자

회사는 일만 하는 곳이 아니다. 그곳 역시 사람이 사는 곳이라 동료나 상사와의 교류가 무엇보다 중요하고, 서로 진솔한 모습으로 다가가며 정과 신뢰를 쌓아야 조직이 원활하게 돌아갈 수 있다. 다만, 너무 투명하게 자신을 모두 드러냈다가는 이용과 공격의 대상이 될 수 있으니 조심해야 한다.

내가 알고 지내는 회사 관리직 직원들은 대부분 늘 웃으며 사람을 대하고 대화를 주도할 줄 알았다. 회사가 그들에게 바라는 이미지 역시 그런 것이다. 그러나 그들의 사람 좋은 미소에 넘어갔다가 큰 낭패를 볼 수 있으니 회사에서 내 밥그릇을 제대로 챙기려면 관리직 사람을 상대로 사적인 이야기는 되도록 삼가야 한다.

예를 들어 내가 요즘 몸이 안 좋다는 얘기를 하면 그는 진심 어린 걱정을 하며 내 건강을 걱정해줄 것이다. 그러나 돌아서는 즉시 중요한 프로젝트에서 나를 1순위로 제외시켜야겠다는 생각을 하는 것이 바로 그들이다.

사장 역시 마찬가지다. 개인적으로 안 좋은 일이 생겼을 때 아무 일 없다는 듯 표정관리를 하는 일처럼 힘든 일도 없다. 그때 동료나 상사가 걱정스러운 듯 무슨 일이냐고 물어온다면 어떻게 해야 할까? 나의 상황을 숨김없이 모두 말해야 할까? 아니면 가능한 한 별일 아닌 듯 숨겨야 할까?

전자대로 한다면 상사는 심적으로 긴장하게 될 것이다. 그의 관심사는 오로지 회사의 가치 창조를 위해 직원들이 좀 더 열심히 일해주는 것이다. 그런 그를 상대로 개인적으로 안 좋은 일들을 한꺼번에 쏟아놓는다면 어떻게 될까? 아마 그는 그런 일들이 회사 일에 지장을 주지는 않을까 걱정부터 할 것이다. 게다가 이런 선입견은 한 번 박히면 계속 나를 따라다닐 가능성이 크다.

후자는 가장 프로다운 대처법이다. 자신이 안 좋은 일을 당했지만 금세 툭툭 털고 제자리로 돌아올 수 있다는 강한 의지와 긍정적인 마인드를 전달해야 한다. 그래야 사람들로부터 믿을 수 있는 사람, 능력 있는 직원으로 인정받을 수 있다.

꼭 오래 알고 지내야 깊이 있는 교류가 가능할까?

몇 년 전에 유명한 기업인을 방문할 기회가 생겼다. 과연 세상에 이름을 날리는 사업가답게 자신감이 넘쳐났다. 하지만 그는 결코 이름뿐인 유명 인사는 아니었다. 충분히 세상의 인정과 존경을 받을 능력을 갖춘 사람이었다. 외국에서 오래 살아 국내외 실정에 모두 정통하고, 업무력과 안목도 탁월했다.

서로 어색해진 분위기가 많이 풀어졌을 때쯤 나는 그에게 식사를 대접하고 싶다고 했다. 그의 얼굴에 선뜻 내키지 않아 하는 표정이 드러났다.

"맛집으로 유명한 곳이 있는데 워낙 손님이 많아 간신히 두 자리 예약해놨습니다. 방으로 예약해놔서 식사하면서 편하게 얘기 나누기에 좋으실 거예요."

내가 이렇게까지 말하자 그도 끝까지 거절하지는 못했다.

음식점에 도착하자 분위기는 훨씬 화기애애해졌다. 사무실의 경직된 분위기를 탈피해서 그런지 그의 권위적인 모습도 조금은 사라진 듯 보였다. 그래도 나는 끝까지 긴장을 늦추지 않은 채 그에 대한 존중과 예의를 잊지 않으려고 애썼다.

식사하며 술이 몇 잔 오가자 나는 외국에서 이방인으로 살아야 했던 힘든 시절의 이야기를 털어놓았다. 그리고 마지막으로 이런 말을 덧붙였다.

"사실, 지금까지 아무에게도 이런 말을 해본 적이 없습니다. 제가 평상시에 체면을 중시하는 데다 외국에서 살아보지 못한 사람들은 제 마음을 절대 이해할 수 없으니까요."

그는 그 말에 수긍하는 듯 고개를 끄덕이며 대답했다.

"그렇죠. 그 마음이 충분히 이해가 가네요."

뒤이어 그는 자신이 오랜 외국생활을 하며 겪었던 개인적인 이야기를 허심탄회하게 들려주었다. 지금까지 들어보지 못한 진솔한 이야기들이었다. 그날의 저녁 식사는 그렇게 진솔한 분위기 속에서 마무리되었다.

그리고 다음 날 업무관계로 다시 그를 만나러 갔을 때 그는 조금은 어색한 듯 웃으며 나를 맞아주었다. 아마도 전날 저녁에 자기 얘기를 너무 많이 한 것 같아 쑥스러운 마음이 들었던 것 같았다. 그래도 그 식사 자리는 서로의 거리를 좁혀주는 역할을 톡톡히 해냈고, 어색하고 경직된 분위기를 깨는 돌파구가 되어주었다. 그 덕에 쉽게 범접할 수 없는 '아우라'를 풍기는 그 역시 희로애락이 있는 평범한 인간이라는 사실을 알 수 있었고, 일도 훨씬 수월하게 진행되었다.

사람과 사람 간의 교류에서 시간과 깊이는 정비례하지 않는다. 그 깊이는 서로 어떤 이야기를 주고받으며 진솔하게 마음을 나눴는지에 달려 있다. 다만, 자신의 숨겨왔던 속내를 이야기하고 난 후에는 상대방과의 거리 조절에 신경을 써야 한다. 나 같은 경우는 성공한 사업가와의 심리적 거리를 좁히는 것으로 끝났지만, 우리 주위에는 이런 상황을 악의적으로 이용하는 사람들도 적지 않다.

만약 내가 말하기 힘든 불행한 가정사를 다른 사람에게 털어놓았다면 상대방은 당연히 자신을 믿기 때문에 그런 얘기를 한다고 생각할 것이다. 나의 그 말이 실수로 나온 말이든 단순히 고민을 털어놓을 사람이 필요해서이든 간에 그런 것은 중요하지 않다. 누군가 쉽게 하기 힘든 말을 자신에게 한다는 것 자체만으로 이미 둘 사이에는 암묵적인 친구관계가 형성된다.

하지만 둘 사이가 심리적으로 가까워졌다고 해서 그것을 이용해 갑자기 지나친 요구를 한다거나 주제넘게 나선다면 둘 사이에 찬물을 끼얹는 것밖에 되지 않는다. 사람과 사람 간의 관계는 서로 마음을 주고받으며 가까워지지만 그만큼 예의를 지키고 적정한 거리를 유지하는 노력도 필요하다.

공유할 수 있는 비밀을 만들자

우리는 상대방이 비밀 하나를 얘기해주면 자신도 모르게 속마음을 털어놓게 된다.

젊은 직장인 샤오판은 이런 식으로 비밀을 말했다가 결국 회사에서 쫓겨나는 신세가 되고 말았다. 어느 날 그녀는 동료와 얘기를 나누다 첫사랑 얘기를 듣게 되었다. 친한 사이라고 생각하지 않으면 쉽게 할 수 있는 얘기가 아니었다. 샤오판은 상대방이 자신을 친구로 생각한다고 느꼈고, 그 분위기에 휩쓸려 자신의 짝사랑 얘기를 꺼내고 말았다. 문제는 그 짝사랑의 대상이 그녀의 직속상사라는 것이었다. 게다가 그는 유부남이었다.

샤오판은 이 말을 하고 난 후 아차 싶었지만 이미 한 번 뱉은 말을 다시 주워 담을 수도 없었다. 과연 우려는 현실이 되고 말았다. 그 소문이 점점 퍼져나가 그녀는 결국 회사를 그만둘 수밖에 없었다.

이 문제의 근본적인 원인 제공자는 바로 불평등한 정보를 교환한 샤오판이다. 동료가 고의로 그녀를 떠보았든 아니든 간에 본질적인 책임은 그녀에게 있다. 동료와의 대화가 업무의 범위를 벗어났을 때 샤오판은 그 대화의 주제를 적절하게 차단하는 요령이 있어야 했다.

서로 대화를 나누다 보면 자기도 모르는 사이에 상대방의 페이스에 휘말리는 경우가 있다. 그 단적인 예가 바로 연예인과 기자 사이의 인터뷰다. 스타들이 기자와의 인터뷰에 반감을 느끼는 이유는 그가 사전에 쳐놓은 올가미에 쉽게 걸려들어 자신의 대답이 전혀 다른 내용으로 각색되어 보도되기 때문이다.

대화의 내용을 주도하고 주도권을 잡을 능력이 없다면 누구라도 불평등한 정보 교환의 희생양이 될 수밖에 없다. 상대방에게 대화의 주도권을 빼앗기고 싶지 않다면 내가 원하지 않는 쪽으로 대화가 흘러가지 않도록 적절히 차단할 줄 알아야 한다. 자칫 대화에 너무 몰두해 앞뒤 안 가리고 감정이입을 하다가는 입이 화근이 되어 해서는 안 될 얘기까지 하게 될 위험이 있다.

직장에서도 공적인 장소라면 개인적인 얘기를 할 기회가 거의 없다. 문제는 사적인 장소다. 동료와 업무 외적으로 만나 얘기를 나눌 때 말이 화근이 되는 경우가 생긴다. 그런데 내가 오랫동안 관찰한

바에 따르면 대부분의 직장인은 개인적인 휴식 시간만큼은 동료나 업무로부터 해방되고 싶어 하는 욕구가 강했다. 그렇다면 회사 내에서 개인적인 정보가 새어나갈 가능성이 가장 높은 경우는 단합을 위해 모인 자리일 가능성이 크다.

동료 간의 벽을 허물고 가까워질 자리지만 자칫 해서는 안 될 말실수 때문에 괜히 나의 이미지를 깎아먹거나, 남에게 약점을 잡히는 꼴이 되기 쉽다. 이런 사태를 방지하는 최선책은 밤 11시 이후부터는 아예 입에 지퍼를 다는 것이다. 그 시간이 넘으면 사람의 의식은 의지대로 제어되지를 않는다. 절대 해서는 안 될 말도 분위기에 휩쓸려 입 밖으로 술술 나오는 시간대이므로 상대방과 공유해도 무방한 '가짜 비밀'을 준비하지 못해서 낭패를 보기 쉽다.

인맥 디자인 TIP
만 권의 책을 읽는 것보다 만 리 길을 여행하는 편이 낫다. 그러나 만 리 길을 여행한 사람이 만 종류의 사람을 상대할 줄 아는 인물을 따라잡지 못한다.

MONEY

돈은
버는 것보다 쓰는 게 더 중요하다

나의 가치의

소중함

돈을 주고 산 물건은 쉽게 버리기 아깝다고 생각하게 마련이다. 내 돈을 주고 구입한 책은 돈이 아까워서라도 어떻게든 읽지만 공짜로 얻은 책에는 별로 눈길이 가지 않는다. 어쩌다 들추어본다고 해도 '공짜'라는 심리가 작용해서인지 책의 내용도 그다지 설득력이 없어 보인다.

시장경제에서 브랜드 가치는 곧 돈으로 연결된다. 단순히 상품의 가격만 높인다고 소비로 이어지지는 것이 아니다. 명품 브랜드의 고가 제품이 비싼 가격에도 소비 욕구를 불러일으키는 이유는 바로 브랜드의 가치가 나의 가치를 높여준다는 생각 때문이다.

예전에 한 텔레비전 프로그램에서 여러 브랜드의 운동화를 신긴 후 그 느낌을 알아보는 실험을 한 적이 있었다. 그 결과 중저가의 운동화보다 고가의 브랜드 운동화에 대한 만족도가 상대적으로 높았다. 바로 이런 이유 때문에 나 역시 내가 집필하는 책의 가치를 높이기 위해 무료 상담을 최대한 자제하고 있고, 여러 매체를 통해 나의 노하우와 지식이 남용되지 않도록 신경을 쓰고 있다. 독자들의 직장 문제와 고민 해결을 위해 오랜 기간 사전조사와 분석을 거쳐 나온 책이니만큼 내 이름만 보고도 믿고 구매하는 사람들도 많아졌다. 직장 내에서 나의 가치를 높이는 방법 역시 이것과 크게 다르지 않다.

한 어부가 고기를 잡으러 바다로 나갔다가 우연히 배 근처를 맴돌고 있는 뱀을 한 마리 발견했다. 그런데 자세히 보니 뱀은 청개구리 한 마리를 입에 물고 있었다. 어부는 청개구리가 너무 불쌍해 보여 뱀을 잡아 청개구리를 구해주었다. 그리고 나니 이번에는 배고픈 뱀이 너무 가련하게 느껴져 먹을 것을 준 후 바다로 다시 돌려보냈다. 어부는 그렇게 선행을 베푼 후 홀가분한 마음으로 다시 고기를 잡는 일에 몰두했다. 얼마 후 무언가 배를 치는 듯한 둔탁한 느낌이 전해졌다. 소리가 나는 쪽으로 고개를 돌리자 아까 풀어주었던 뱀이 이번에는 청개구리 두 마리를 입에 물고 그를 바라보고 있었다.

이 이야기를 듣고 나서 나는 이런 생각이 번뜩 들었다.

'아, 호의를 베푼다고 다 좋은 것은 아니구나.'

회사에서는 스스로 자신의 노동 가치를 존중할 줄 알아야 한다. 그리고 목적에 맞는 가치 투자로 그에 상응하는 대가를 얻어야 한다. 만약 승진을 위해 길을 닦아야 한다면 자신의 능력을 적극 활용해 상사의 업무를 보좌하고 그 대가로 상사의 신임과 인정을 받아내야 한다. 동료와의 관계에서도 무조건적인 호의는 오히려 득보다 해가 더 많을 수 있다. 평등한 관계 속에서 투자한 만큼의 대가를 고려해 자신의 노동을 가치 있게 활용해야 한다.

습관처럼 남을 돕는 일에 익숙해지면 좋은 인연을 만들기 힘들다. 직장은 약육강식이 존재하는 전쟁터다. 이곳에서의 좋은 인연은 나를 승진의 길로 빨리 인도해줄 인맥이고, 그 인맥은 능력을 최우선으로 삼는다. 또한 노동에는 정당한 대가가 있어야 하며, 그것을 무시한 채 늘 대가 없이 호의를 베푸는 행위는 자신뿐 아니라 상대방 모두에게 독이 될 수 있다.

한쪽 날개로는
날 수 없다

누구나 양쪽 날개가 있어야 돈을 부리며 높이 비상할 수 있다.

첫 번째 날개는 돈을 과감하게 소비할 줄 아는 능력이다. 돈을 제대로 쓸 줄 알아야 돈이 다시 굴러 들어온다고 했다.

두 번째 날개는 소비와 절제가 적절히 조화를 이루는 능력이다. 이래야만 돈에 휘둘리지 않을 수 있다.

인맥의 관점에서 보면 이 두 가지 능력을 갖추어야 비로소 금전이 자신의 성공을 돕는 유용한 수단이 될 수 있다. 소비와 절제를 아는 사람은 무절제한 낭비를 한다거나 지나치게 인색하다는 평가를 받는 경우가 거의 없다.

사업을 하는 친구 얘기를 해볼까 한다. 그 친구는 해외여행을 무척이나 즐겼고, 가고 싶은 곳이 생기면 꼭 최고급 호텔에 예약을 하고 여행을 떠났다. 편하게 쉴 멋진 공간이 있고, 주변 경관이 아름답기만 하다면 얼마의 돈을 지불하든 신경 쓰지 않았다. 때로는 호텔비로 일반 샐러리맨의 반년 치의 월급을 쓴 적도 있었다. 그렇지만 그 친구는 그 비용을 조금도 아까워하지 않았다.

그렇다고 그가 돈을 물 쓰듯 하며 놀고먹는 한량이거나 사회적 책임감 따위는 안중에도 없는 이기적 인물은 아니다. 그동안 사회적 약자를 위해 꾸준히 돈을 기부해왔고, 일상생활에서도 낭비와 담을 쌓고 사는, 절약정신이 투철한 친구였다.

돈을 아끼는 것도 중요하지만 자신이 가치 있다고 생각하는 일에 과감하게 투자하고 소비할 줄 아는 용기도 필요하다. 또한 그런 소비는 자신의 능력과 품격이 밑바탕이 되어야 하고, 절제의 미덕이 조화를 이루어야 한다.

연봉이
가치판단의 유일한 척도는 아니다

20대에는 동창들과 만나면 다들 연봉이나 직장생활 얘기로 떠들썩했다. 그때 우리는 연봉의 액수가 바로 능력이자 자존심이라고 생

각했던 것 같다.

그런데 지금은 그런 생각들이 많이 사라졌고, 연봉이 한 사람의 가치를 매기는 유일한 척도가 아니라는 깨달음을 얻었다. 사회 경험이 많아지면서 생각이 깊어지니 세상을 보는 시야도 훨씬 넓어진 덕이다. 동창이 연봉 1억을 받는다고 해도 그저 유명 연예인의 출연료 얘기를 듣는 것처럼 나와 전혀 관계없는 가십거리쯤으로 여겨진다. 그로 말미암아 그와의 친분관계가 불평등하게 바뀌는 것도 원하지 않는다.

나뿐 아니라 동창들 사이에서 그 친구를 자랑스럽게 생각하게 된 계기는 단순히 연봉 서열 때문이 아니었다. 그의 가치를 인정하는 회사의 적극적인 투자와 그것을 자신과 회사의 발전, 가치 창조를 위해 아낌없이 투자하며 사회를 위해 베풀 줄 아는 그의 인생이 멋지게 보였기 때문이다. 그를 통해 우리는 탁월한 능력, 안목, 판단력을 가지고 있을 뿐 아니라 사회에 기여할 줄 아는 진짜 능력자의 모습을 보았다.

내가 이런 이야기를 하는 이유는 독자들에게 한 가지 충고를 해주고 싶어서다. 직장생활이 어느 정도 안정권에 접어들었다면 월급 인상에서 눈을 돌려 상사가 자신을 얼마나 신임하고 있는지 돌아볼 필요가 있다. 또한 사무실을 벗어나 견문을 넓히고, 개인의 가치를 창조할 수 있도록 회사가 나를 위해 얼마나 투자를 하고 있는지, 내가 그 정도의 가치가 있는지 따져봐야 한다.

회사로부터 충분한 지원을 받고 있다는 판단이 선다면 내가 회사에서 꼭 필요한 인재로 인정받고 있다는 의미로 받아들여도 좋다. 직원에게 발전 공간과 무한한 기회를 제공해주는 것은, 보너스를 얼마나 더 줄지 안 줄지를 고민하는 것과는 차원이 다른 문제다.

돈을 얻고 사람을 잃는다면
아무 의미가 없다

매년 수입과 지출 중에서 오로지 의식주만을 위한 생존용 지출만 하고 있다면 돈을 버는 일 자체가 재미없고 고통스러운 일로 전락해버린다. 합리적인 소비는 자금의 흐름을 더 원활하게 하고 돈이 돈을 부르는 효과를 낳을 수 있다.

타이완의 지식인 리아오는 여성에 대한 칭찬에 무척 인색한 인물이다. 그런 그가 유일하게 높이 평가하고 똑똑하다고 느끼는 여성이 바로 천원첸이다. 평생을 부족한 것 없이 살았던 그녀는 한 방송 프로그램의 인터뷰에서 이렇게 말한 적이 있다.

"돈을 써야 나를 찾는 친구들이 많아진다는 것을 참 일찍 깨우쳤던 것 같아요."

그녀는 친구와 사귈 때 이제까지 돈 때문에 문제가 생긴 적이 없었다고 했다. 또한 천원첸은 수입이 지출보다 지나치게 많아서는 안 되고, 부동산에는 절대 투자하지 않으며, 사치품을 사지 않는다는 원칙을 지키며 살았다.

그런 그녀가 타이완 최고 부호 궈타이밍의 집을 방문한 후 생각이 바뀌었다고 한다. 그의 낡은 책상과 평범하기 그지없는 침실을 보고는 지나치게 절약하는 것이 미덕은 아니라는 사실을 깨달은 것이다. 부자가 돈을 제대로 쓸 줄 모르는 것도 죄악이라는 생각이 든 것이다.

돈을 얻고 사람을 잃으면 모든 것이 허사가 된다는 말이 있다. 가족, 친구, 동료, 상사 등 인간관계를 유지하려면 돈의 소비를 피하기 어렵다. 돈을 안 쓰기 위해 사람들과의 약속을 최대한 줄일 수야 있겠지만 그런 삶이 과연 행복할까? 게다가 만남이 없는 만큼 서로 알 기회나 신뢰를 얻을 기회도 줄어들게 될 뿐이다.

돈은 잘 쓸 줄 알아야 돈과 사람을 부리고 돈의 노예가 되지 않을 수 있다. 그렇다고 돈을 함부로 낭비하라는 말은 아니다. 내가 쓴 돈 이상의 가치를 돌려받을 수 있다고 판단되면 그때는 돈을 쓰는 것을 아까워하지 말아야 한다. 최소한 친구에게 밥을 사는 돈을 아까워하는 어리석은 짓은 안 하는 것이 좋다.

인맥 디자인 TIP

가진 돈이 없을수록 인색하게 굴지 말고 그것을 밑천 삼아 자기 발전을 위해 과감히 투자할 줄 알아야 한다. 그리고 수중에 돈이 많아지면 돈을 귀하게 여기고 남에게 이용당하지 않도록 철저한 금전관리를 해야 한다. 그런데 세상 사람들은 돈을 써야 할 때는 주저하고, 돈이 생긴 후에는 아낄 줄을 모르고 물 쓰듯 써댄다.

고수와의 맞대결!
대등해지고 싶으면 빈틈을 노려라

섣불리 덤볐다가
게도 구럭도 다 잃을 수 있다

나는 친구, 동료, 동창 들 사이에서 평판이 꽤 좋은 편이다. 내가 잘나서가 아니라 아쉬운 말을 하지 않기 때문이다. 나는 상대방에게 가치가 없다고 판단되면 그것을 강요하지 않는다.

예전에 친한 친구가 제품 한 개를 대신 팔아달라고 부탁한 적이 있다. 그때 나는 머릿속으로 그 제품이 꼭 필요할 만한 사람을 하나하나 떠올렸다. 그리고 그 사람에게 '가치 그 이상의 가치'를 줄 수 있는지도 분석했다. 연락하기까지 참 많은 고민을 했지만 일단 확신이 서자 전화를 거는 데 주저할 이유가 전혀 없었다.

지금까지 이런 이유로 전화를 걸었을 때 귀찮아하거나 짜증을 내는 사람을 거의 보지 못했다. 내 잇속을 차리려고 물건을 강매하는 것이 아니라 상대방의 가려운 곳을 긁어주듯 꼭 필요한 것을 추천해 주었기 때문에 가능했던 일이다. 사람들은 나의 이런 모습을 좋게 봐주었고, 그 덕에 인맥도 넓어지고 인간관계도 깊어졌다.

이처럼 인맥의 끈을 놓치고 싶지 않다면 상대를 압박해서는 안 된다. 그런 느낌을 받게 되면 서로 사이가 껄끄러워질 수밖에 없다. 내가 보기에 아직 안정적인 관계가 형성되지 않은 인맥으로는 그 어떤 이익도 얻을 수 없다.

참 많은 독자가 내게 편지로 고민을 상담한다. 대부분 직장에서 맞닥뜨린 문제에 대한 고민이다. 하지만 나 역시 무척 바쁘다 보니 일일이 답변해주기가 어렵다. 그래서 부득이하게 개별 상담 대신 그들의 고민을 케이스별로 분류해서 신간에 담으려 노력하고 있다.

그런데 딱 한 편지만은 예외였다. 그 편지는 고민을 털어놓지도, 답을 알려달라고 재촉하지도 않았다. 그저 순수한 '감사의 편지'였고, 그 내용 또한 참으로 진솔했다.

'장 선생님, 선생님의 책이 저를 살렸어요. 지난 금요일에 회사에서 곤란한 일을 당했는데 선생님 덕에 멋지게 해결할 수 있었어요. 자칫 잘못했으면 직장생활에 큰 오점을 남길 뻔했거든요. 선생님의 시간을 뺏었다면 죄송해요. 그래도 꼭 감사하다는 말씀을 드리고 싶어 편지를 보냅니다.'

이 독자가 심각한 고민을 털어놓은 것도 아닌데 그의 이야기가 무척 궁금해졌다. 아직도 그의 이름이 잊히지 않을 정도로 말이다.

나는 자아의 가치를 찾지 못한 상태에서 인맥이 만능 해결사가 되어줄 거라고는 생각하지 않는다. 아무 능력도 없는 사람은 설사 좋은 인맥과 인연이 닿았다 해도 거기서 진정한 도움을 받을 수 없다. 어쩌면 그는 도움을 구하는 과정에서 자신에게 이런 질문을 던져야 할지도 모른다. 자신의 사회적 지위나 부가 그들과 대등한지, 스스로를 얼마나 잘 알고 있는지, 자신이 도대체 무엇을 할 수 있는지, 자신을 도와달라고 요구할 만한 근거를 가지고 있는지…….

상대가 나중에 잘되면 꼭 갚을 거라는 인사치레 따위에 넘어갈 거라고 생각한다면 큰 오산이다. 물론 가진 것이 없다고 해서 좋은 인맥을 얻을 수 없는 것도 아니다. 자고로 인맥은 누구나 만들 수 있다. 다만, 머리를 써야 하고, 불로소득이 통하지 않을 뿐이다. 내가 가진 것으로 상대를 만족시킬 수 없다면 그를 만족시킬 또 다른 수요를 찾아내야 한다.

이 세상에 완벽한 사람은 없으며 누구나 빈틈이 존재한다. 그래서 상대방의 최대 골칫거리를 해결하기 위해 함께 고민하여 상황을 조금이라도 개선시킨다면, 이를 계기로 인맥의 물꼬가 트일 수 있다. 설사 도움이 되지 못했다 해도 진심이 통했다면 그것으로 충분하다. 물론 처음에는 원하는 것이 있어 접근한 거라고 생각하겠지만 일단 마음이 통하면 미안한 만큼 감동하게 마련이다.

이번에는 어떤 분야의 최고 권위를 자랑하는 고수와 지속적으로 만날 기회가 생겼다고 가정해보자. 이런 경우에는 장기적인 전략을 짜서 그와 대등한 관계를 만들어야 한다. 예를 들어 능력자 고객이 일에 미쳐 건강을 제대로 돌보지 못한다면 건강에 관한 지식을 섭렵해보자. 그리고 그와 얘기를 나눌 때 이런 지식을 틈틈이 활용해야 한다. 그럼 상대는 그 분야에 박식한 나에게 좋은 인상을 받게 된다.

다음에 다시 만났을 때 그의 건강을 배려해 유능한 의사와의 만남을 주선하는 것도 좋은 방법이다.

이런 식으로 서로의 벽을 허물고 점점 대등한 인맥을 맺어나갈 수 있다. 물론 두 사람 사이에 실질적인 업무가 개입되면 그가 강자고 나는 약자일 수밖에 없다. 하지만 상대의 문제점을 발견한 뒤 부족한 곳을 메워준다면 나의 영향력도 서서히 커질 것이다.

내면에 감춰진 모습을
끌어내자

사회생활을 하다 보면 교만한 사람들을 종종 보게 되는데, 그들과 소통하려면 특별한 노하우가 있어야 한다.

어떤 사람은 교만해 보이지만 속을 들여다보면 그 반대인 경우가 있고, 또 어떤 사람은 친절하고 매너가 좋아 보이지만 자신이 정한 선 너머로 누군가 침범하는 것을 극도로 꺼린다. 한 분야의 고수들은 그 자리에 오르기까지 엄청난 노력과 집중력을 발휘한 사람들이다. 일에 대한 열정이 대단하다는 식의 상투적 화두로는 그들을 상대로 절대 흥미로운 대화를 이끌어낼 수 없다. 그러나 또 다른 관점에서 그 사람을 바라본다면 전혀 다른 반응이 나올 수 있다.

내 친구의 경험담을 예로 들어보려 한다. 그 친구는 업무상 영화감독을 만날 기회가 많았는데 그중 성격이 전혀 다른 두 사람 얘기를 들려주었다. 남자 감독은 첫인상이 독단적이고 외골수로 보였고, 여자 감독은 무척이나 친절하고 상냥했다.

친구는 이 두 사람에게 깊은 인상을 남기기 위해 좀 색다른 접근법을 시도했다. 그는 남자 감독에게 이렇게 말했다.

"감독님이 너무 친절하게 대해주시고 좋은 얘기를 많이 해주셔서 정말 감사드립니다. 정말 시간이 어떻게 지나갔는지도 모르겠습니다."

그리고 여자 감독에게는 이렇게 말했다.

"제가 겪어보니 감독님은 늘 다른 사람을 먼저 배려해주시는 분 같습니다. 혹시 일을 하시면서 그런 성격 때문에 더 힘들고 외롭지는 않으셨나요?"

참 영리한 접근법이라는 생각이 든다. 인간은 누구나 양면성을 가지고 있기 때문에 내향적인 면과 외향적인 면을 정확히 나눠 이분법적인 잣대로 판단해서는 안 된다. 이 모순적인 양면성을 이용해 상대방의 또 다른 면을 찾아낸다면 그는 분명 자신을 잘 이해해주는 사람을 만났다고 생각할 것이다.

내 친구는 이 두 감독의 또 다른 면을 찾아냈고, 그것이 바로 상대방의 마음을 여는 열쇠가 되었다. 예술을 하는 사람일수록 자신의 또 다른 면에 관심을 가져주기를 바라는 심리가 특히 강하다.

대부분의 사람이 자신의 내면 깊숙이 감춰져 있는 고통과 갈등을 이해해주고 관심을 가져주기를 바란다. 이런 심리를 잘 활용한다면 짧은 만남을 통해서도 상대방과 깊이 있는 대화를 나누며 유대감을 형성할 수 있다.

마음의 빚을
수단으로 삼자

사회적으로 잘나가는 사람을 상대로 필요할 때 신속한 도움을 주었다고 해서 그가 나를 기억해줄 거라는 착각은 버려야 한다. 그가 고마움을 모르는 사람이라서가 아니라 너무 바쁜 데다 인간의 기억 용량에도 한계가 있기 때문이다.

그렇기에 나를 기억시킬 특별한 방법을 찾아야 한다. 모든 일에는 다양한 면이 있다. 그 점을 이용해 나에게 도움이 되는 면을 찾아내면 된다. 작정하고 찾으면 도움이 되는 점이 한 가지씩은 꼭 있게 마련이다.

내가 어떤 사람을 도와 복잡하게 얽힌 일을 성사시켰다고 가정해보자. 사실, 너무 피곤해서 그만두고 싶은 마음이 굴뚝같지만 나중에 그의 도움이 필요할 때를 생각하면 안 할 수도 없는 노릇이다. 그래서 아무 대가를 바라지 않고 그를 도왔다. 그런데 상대방이 마음의 빚을 지고 싶지 않다며 한사코 대가를 지불하려고 한다면 어떻게 해야 할까? 그의 입장에서 마음의 빚이 심리적 부담이 된다면 내가 상대방에게 마음의 빚을 진 셈 치면 된다.

이메일을 이용해 이런 편지를 보내보는 것도 하나의 방법이다.

'이 일을 처리하는 과정에서 참 많은 것을 배웠습니다. 참 복잡하게 얽힌 문제였지만 업무를 처리하는 과정에서 사회를 바라보는 관점에 변화가 찾아왔고, 꼭 필요한 원칙들을 다시 한 번 깨우치게 되었습니다.'

다시 말해 내가 상대방을 도왔던 것을 마치 상대방이 나를 도와준 양 뒤집어서 말하는 것이다. 이런 식의 해결 방법을 잘 활용하면 마음의 빚에서 벗어나 관계를 지속적으로 유지해나갈 수 있다. 그런 연후에 그와의 식사 자리를 마련해 다시 한 번 자신이 이번 일로 더 도움을 받았다고 강조하며 두 사람의 인연에 감사한다는 뜻을 확실히 전달해야 한다.

노파심에서 한마디 더 하자면, 이런 방법은 인간관계의 유지를 위한 하나의 수단일 뿐이며 가식과 허위의 탈을 쓰고 사람을 대하라는 말이 결코 아니다. 부디 하나의 문제를 다양한 각도로 바라보고, 그 속에서 자신에게 유리한 최선의 해답을 찾아내기를 바랄 뿐이다.

도전을 받았다면
먼저 반문하자

강력한 상대로부터 도전을 받았다면 공격적인 태도를 취해야 한다. 상대방이 공격해올 때 한사코 방어만 한다면 도리어 상대의 정복욕만 키울 뿐이다.

예를 들어 세일즈맨이 물건을 팔려고 접근했을 때 상대가 이를 눈치채고 거부감을 표시할 수 있다.

"설마 저한테 물건을 팔려고 그러시는 거 아니죠?"

그러면 세일즈맨은 이렇게 말하는 게 좋다.

"제가 그런 사람으로 보이세요?"

"정말 그렇게 생각하세요?"

"제가 그런 오해를 살 만한 행동을 했던가요?"

이런 식의 반문은 일시적으로 상대의 의심을 차단하는 효과가 있다. 그가 "설마 저한테 물건을 팔려고 그러시는 거 아니죠?"라는 질문을 던지는 이유는 세일즈맨이 당황해 접근을 포기하도록 만들기 위해서다. 그런데 대부분의 사람은 상대방을 인격적으로 부정하는 것을 어려워한다. 고압적인 자세로 상대의 접근 의도를 의심했을 때 상대가 "제 어떤 점이 그런 오해를 하게 했나요?"라고 되묻는다면 자신의 말과 평가에 책임을 져야 하기 때문이다. 이는 사회적으로 성공한 고수들 역시 다르지 않다. 그들은 상대방에게 상처를 주는 것을 두려워하지 않지만 그 말이 다시 화살이 되어 자신의 체면을 손상시키는 것만은 바라지 않는다.

그런 의미에서 반문의 말을 연습하는 것 역시 나의 방어막을 더 견고하게 만드는 무기가 될 수 있다.

인맥 디자인 TIP
한 분야의 최고 권위자라면 그 영역 안에서 그와 대등해지는 것은 불가능하다. 그러나 그 영역 밖의 틈새를 공략하면 얼마든지 대등해질 수 있다.

충고를 분별하고
'지배광'을 멀리하라

누구나 만사를
자기 뜻대로 하고 싶어 한다

'지배광'이라는 말은 거북하게 들릴뿐더러 보통 자신과는 상관없는 단어로 생각하기 쉽다. 하지만 사실은 전혀 그렇지 않다. 어린 시절을 돌이켜보면 누구나 모든 일을 자기 뜻대로 하고 싶어 안달했던 경험이 있다. 어른들이 원하는 것을 해주지 않았을 때 아이들은 울고불며 떼를 쓰고, 감정적으로 어른들을 조종하려고 하지 않는가. 어른이 되고 나면 그런 방법이 통하지 않는다는 것을 깨닫게 되지만 다른 모습으로 상대를 조종하려 든다.

A : 저 대신에 이 문서를 좀 복사해주시겠어요?
B : 지금은 바빠서 시간이 안 나네요.

A : 지난번에는 제가 그쪽 문서를 복사해줬는데, 기억 안 나요?
　　양이 어찌나 많은지 반나절은 족히 걸렸잖아요?

이 대화 속에서 A는 나쁜 사람은 아니지만 상대에게 심리적 압박을 가하고 있다. 이는 그의 독재자 스타일에서 비롯된 것이다.

'지배광'은 겉으로 봐서는 절대 냉정해 보이지 않는다. 도리어 아주 밝고 활기찬 사람처럼 보인다. 그는 남을 돕는 일에 인색하지 않고, 때로는 적극적으로 나서서 도움을 주기도 한다. 단지 그에 대한 대가를 바랄 뿐이다.

이런 유형의 사람들에게 도움을 받으면 심리적으로 엄청난 부담을 떠안아야 한다. 특히 그가 나를 도왔던 사실을 입에 달고 산다면 예전의 고마움은 짜증과 후회로 변할 수밖에 없다.

'지배광'에게는 이상한 습관이 있다. 그들은 늘 타인에게 관심을 보이고 무슨 일이 생기면 발 벗고 나서서 도와준다. 그리고 그 도움이 아주 사소한 것일지라도 절대 잊는 법이 없다. 그들의 머릿속에 언제 누구를 도왔는지 적어두는 전용 장부라도 있는 듯하다.

심지어 이런 부류의 사람과 갈등이라도 생기면 예전에 도움을 받았던 일이 내 숨통을 조일지도 모른다. 그는 갈등의 원인은 제쳐두고 너무 사소하고 오래되어 기억조차 가물가물한 일을 끄집어내 순식간에 나를 배은망덕하고 이기적인 인간으로 몰아간다.

그나마 다행스러운 점은 그들이 악인은 아니라는 것이다. 누구에게나 타인을 돕고 나면 그에 상응하는 보답을 받고 싶어 하는 심리가 있다. 다만, 도움을 주는 목적이 오로지 무언가를 얻기 위해서라면 차라리 안 주는 편이 낫다. 자칫 원하는 것을 얻지 못했다는 억울함 때문에 화병을 얻어 '지배광'으로 돌변할 위험이 있기 때문이다.

그렇다면 이런 '지배광'에게는 어떻게 대처해야 할까? 우선 그의 도움을 너무 크게 받아들이지 말아야 한다. 고마운 마음을 버리라는 것이 아니라 그의 도움이 순수한 '온정'인지 '채무'인지를 구분할 수 있어야 한다는 말이다. 타인이 나를 도울 때 오로지 그가 원해서 한 일이라면 자신의 행동에 책임을 지도록 해야 한다.

죄책감은 무척이나 강력한 심리적 압박감을 불러일으킨다. 우리가 다른 사람에게 빚을 지고 있다고 느끼면 그들의 무례한 요구를 참고 들어주는 부작용이 생긴다. 상대방의 요구에 휘둘려 원하지 않는 일을 하면서도 내가 해줘야 하는 일이라고 생각한다. 이런 심리에서 자유롭고 싶다면 꼭 해야 할 일, 하고 싶은 일, 상대방의 강요에 의해 하는 일을 명확히 구분해야 한다.

'지배광'이 어떤 일을 부탁했을 때 강요에 의해 채무를 갚듯 해야 하는 일이라고 판단되면 이렇게 말하는 것이 좋다.

"죄송해요. 꼭 도와드리고 싶지만 지금은 도저히 시간이 나지를 않네요."

이런 대답이 반복되다 보면 상대방은 더 이상 나를 지배의 대상으로 여기지 않을 것이다.

'나를 위해서'라는 말에
넘어가지 말자

누군가 내게 항상 충고를 한다면 그 사람을 좋아할 수 있을까? 어떤 사람은 남에게 충고하는 것을 마치 사명감처럼 여긴다. 직장 선배가 신입사원에게 복사를 부탁했을 때 거절당한다면 그는 분명 이런 충고를 할 것이다.

"내가 왜 복사를 하라고 시키는지 알아? 다 자네를 위해서야. 이것도 다 일을 배우는 과정이고, 하나라도 더 배워야 업무에 빨리 적응하지 않겠어?"

실제로 이런 말은 너무 뻔해서 설득력이 떨어진다. 업무를 가르친다는 명목으로 자기 일을 남에게 떠넘기고 있기 때문이다. 취업난을 뚫고 힘들게 회사에 들어왔는데 남의 허드렛일이나 하며 아까운 시간을 낭비하고 싶은 사람은 아무도 없다.

그렇다면 신입사원은 이런 경우에 어떻게 대처해야 할까? 두 가지 경우로 나눌 수 있다.

첫 번째는 직장 선배가 나를 잘 대해주고, 그에 대한 믿음이 있는 경우다. 이럴 때는 자질구레한 부탁 정도는 먼저 나서서 처리해도 무방하다.

두 번째는 정말 정신없이 바빠서 도저히 도와줄 틈이 나지 않을 경우다. 이럴 때는 솔직하게 예의를 차려서 말해야 한다.

"지금 하고 있는 일을 당장 처리해야 해서 도저히 시간이 안 됩니다. 도와드리지 못해 정말 죄송합니다."

상대방이 나를 어떻게 평가할까 고민하거나 두려워할 필요도 없다. 이렇게 부탁과 충고를 습관적으로 반복하며 자기 할 일을 남에게 미루는 사람은 조직 내에서도 이미 정평이 나 있게 마련이라 그의 평가에 귀를 기울이는 사람은 거의 없을 것이다.

친한 동창 중에 입만 열면 충고를 하려 드는 친구가 있었다. 언젠가 나도 그 친구로부터 오만하다는 충고를 들어야 했다. 그런데 그 이유가 너무 황당하고 뜬금없었다. 그 친구와 함께 비즈니스 모임에 나갔을 때 내가 옆 사람하고만 대화를 나누고, 다른 사람과는 명함만 주고받거나 심지어 명함조차 건네지 않았다는 것이다. 솔직히 나는 대화조차 나눠보지 못한 사람들에게 나의 명함을 남발하지 말자는 주의다. 누구한테 명함을 건넸는지 기억조차 없고, 그들 역시 내가 누군지 모른다면 명함은 그저 쓰레기에 불과하다. 그런데 그 친구는 나의 이런 고의적인 행동을 '오만'으로 단정지어버렸다.

이런 '충고쟁이' 동창의 눈 밖에 난 동기들은 한둘이 아니었다. 그중 한 명은 너무나 황당한 이유로 가식적이고 속을 알 수 없는 나쁜 인간이 되어버렸다. 동창이 그에게 결혼을 했는지, 연봉이 얼마인지 물어봤을 때 그가 못 들은 척 대답을 하지 않았다는 것이다. 동창은 그의 행동에 자존심이 상했고, 그에게 솔직해져야 한다며 충고를 가장한 잔소리를 만날 때마다 해댔다. 결국 그는 참지 못하고 동창과의 왕래를 끊어버렸다.

또 한 명은 우리 모두가 좋아하는 친구였다. 이 친구의 인간관계는 물샐 틈이 없을 정도로 완벽했다. 그런데 딱 한 명 그에게 반기를 든 사람이 바로 그 동창이다. 동창은 이 친구의 우정이 가식적으로 느껴진다고 욕을 했다. 그러나 '가식적 우정'의 친구는 그 동창이 출장을 갈 때면 해외에 거주하는 지인에게 공항 픽업을 부탁하고, 무료로 숙식을 해결할 수 있도록 도움을 주었다. 그런데도 이 동창은 그를 가식적인 친구로 정의내려버렸다. 단지 자신이 정한 기준에 맞지 않는다는 허무맹랑한 이유 때문에……

그래서 누군가 나에게 충고를 할 때 그 충고가 나를 위한 것인지, 아니면 그를 위한 것인지 판단해야 한다. 이것이 바로 거짓 충고와 진짜 충고의 차이다.

핑계를 대고
인심을 잃다

어떤 의미에서 '지배광'은 핑계를 대며 모든 것을 남의 탓으로 돌리는 사람이다. 내가 아는 친구도 이런 이유 때문에 몇 년 동안 사귄 애인과 헤어졌다. 이유는 아주 간단했다. 그녀가 자신의 생일조차 기억 못하냐며 화를 내자 도리어 애인이 자신을 이해해주지 못하는 그녀에게 더 화를 냈던 것이다.

"나라고 사는 게 편한 줄 알아? 새벽부터 일어나 출근하고, 매일 일에 치여 죽을 것 같아. 그런데 너에게까지 이런 잔소리를 들어야겠니? 너라는 애는 너무 이기적이야. 어떻게 상대방의 마음을 헤아릴 줄을 모르니? 좀 넓은 마음으로 이해해줄 수는 없어?"

애인의 말에 그녀의 분노가 폭발했고, 결국 갈라서는 극단적인 선택을 해버렸다. 나중에 그녀는 내게 이렇게 말했다.

"사실, 그런 일이 한두 번이 아니었어. 무슨 일이 있을 때마다 늘 핑계를 대고, 다 남 탓으로 돌렸지. 지금까지 자기 잘못을 인정하는 걸 단 한 번도 본 적이 없어. 늘 이유를 댔으니까."

그녀의 애인은 승진에서 탈락하자 부서 내 여자 동료가 상사에게 아부를 해서 자신이 피해를 봤다고 화를 냈고, 연봉 인상에서 누락됐을 때도 동료가 자신의 능력을 시기해 일부러 모함을 한 탓이라고 했

다. 심지어 그녀의 휴대전화를 훔쳐보다 발각된 순간에도 핑계를 대며 너무도 뻔뻔하게 굴었다. 그런 일이 반복될수록 애인에 대한 그녀의 확신은 점점 의문부호로 바뀌어갔다.

이런 사람과의 만남은 오랫동안 지속되기가 쉽지 않다. 그와의 만남이 오래될수록 모든 것을 남 탓으로 돌리는 그의 습관에 익숙해지고, 억울해도 참고 비위를 맞추어주게 된다. 그러다 결국 인내의 한계에 도달하면 둘의 관계는 깨져버린다. 그래서 이런 부류의 사람을 대할 때는 아무리 사소한 일이라도 핑계와 남 탓에 휘둘리지 말고 자신의 원칙대로 밀고 나가야 한다. 그리고 그에게 잘못이 있다면 반드시 사과를 받아내 자신의 행동에 책임을 지게 해야 한다.

'지배광'에게
강력하게 맞서자

타인과의 교류는 서로에게 상당한 영향을 미친다. 상대방에게 영향을 받고, 나 또한 그에게 영향을 준다.

친구의 여동생 이야기를 해볼까 한다. 그녀는 남의 눈치를 보지 않고 제멋대로 구는 경향이 강했다. 집에 있을 때도 늘 사방을 어지럽히고 다니며 정리와는 담을 쌓고 살았다. 그런데 대학생이 되어 기숙사에 들어간 후부터 생활 습관이 완전히 달라져버렸다. 마치 군대에 갔다 온 것처럼 집에 와서도 정리를 칼같이 했던 것이다.

막상 이렇게 되자 친구는 소파에 누워 여기저기 과자 부스러기를 흘리며 텔레비전을 보던 천진난만한 동생의 모습이 그리워지기까지 했다. 밖에서야 남의 눈치도 보이고 이미지관리를 하려면 행동을 자제해야겠지만, 누구의 눈치도 볼 필요도 없는 해방구에서까지 그럴 필요는 없지 않은가. 그러나 동생은 어디에서든 항상 흐트러짐이 없었다.

결국 그가 답답한 마음을 이기지 못하고 그 이유를 물어보았다. 그러자 그녀는 미간을 찌푸리며 기숙사에서 있었던 이야기를 해주었다. 얘기를 들어보니 룸메이트였던 친구의 '깔끔병', '정리병'이 그 이유인 듯했다. 그 친구는 주위 친구들에게조차 그 병을 전염시켰고, 다들 그 친구의 잔소리를 피하기 위해 말하기 전에 치우는 습관이 생겨버린 것이다. 그러다 보니 기숙사생활을 포기하고 나가는 학생들도 생겨났다. 친구의 여동생은 그때 얼마나 호되게 당했는지 집에 돌아와서도 긴장의 끈을 늦추지 못했다.

친구의 이야기를 들으면서 사람과 사람이 서로에게 미치는 영향에 대해 다시 생각해보게 되었다. 사실, 이런 식으로 자신의 원칙을 타인에게 강요하는 행위는 지배욕에 해당된다. 이런 지배욕은 타인을 불편하게 할 뿐 아니라, 일종의 인위적인 '심리적 학대'로 발전할 수 있다. 이런 정신적인 제어와 모욕은 육체에 가하는 폭력보다 더 끔찍한 결과를 낳는다.

인간관계에서 방어막을 설치하지 않으면 자신이 상처를 입기도 하지만 무의식중에 자신이 가해자로 변할 가능성이 있다. 타인에게 늘 요구나 강요를 하는 사람은 아주 오래전부터 심리적인 압박을 받은 경험이 쌓여 습관처럼 굳어버린 경우가 많다. 그리고 그 습관을 다른 사람에게도 강요하게 된다.

그의 주변 사람들은 그가 만들어놓은 감정의 지뢰밭이 언제 어디서 터질지 몰라 눈치를 보며 비위를 맞추지만 시간이 지날수록 더는 참지 못하고 그의 곁을 떠나버린다. 예를 들어 그가 질문했을 때 상대방이 대답을 회피하며 완곡히 거절해도 그는 절대 포기하지 않고 계속 혼자 어디 갔는지, 누구를 만났는지, 무슨 얘기를 했는지 집요하게 캐물을 것이다. 결국 그의 추궁에 못 이겨 대답하게 되고, 이런 일이 반복될수록 인내심은 바닥을 드러낸다.

누군가는 "이 정도쯤이야 별일 아니다"라고 말할지 모르지만 절대 그렇지 않다. 문제의 본질은 자신의 하루 일과를 '지배광'에게 일일이 보고하는 자체가 아니라 그의 무례한 질문에 왜 대답을 해야 하느냐에 숨어 있다.

스스로 정말 원해서 말하는 것인지, 아니면 그가 화를 낼까 봐 두려워 억지로 대답하는 것인지 분명히 구분할 필요가 있다. 만약 두 번째 이유 때문이라면 시간이 지날수록 그의 지배에서 자유로울 수 없다. 늘 자신이 무엇을 잘못했는지 눈치를 보며 전전긍긍하게 되고, 그 강도가 점점 심해질 것이다. 그러다 자신이 '감정 지배자'의 희로애락을 위해 살고 있다는 생각이 드는 순간 둘의 관계는 비정상적인 감정의 지배자와 피지배자로 전락해버린다.

그렇다면 이런 상황에 어떻게 대처해야 할까? 가장 좋은 방법은 주눅 들지 말고 강하게 대처하는 것이다. 이때 유용한 수단이 바로 '장난스러운 거짓말'이다.

지배광 : 자고 일어났으면 이불 개야 할 거 아냐?

나 : 일부러 안 개고 그냥 둔 거야. 잡지에서 봤는데 이러는 게 건
    강에 더 좋대. 몰랐어?

지배광 : 어제 뭐했어?

나 : 미국 대통령 보러 갔었지.

지배광 : 사장이 연봉을 얼마나 올려준대?

나 : 10억! 죽이지?

지배광 : ······.

이런 식으로 장난치듯 대답을 피하며 상대방의 접근을 차단하는
것이다.

BALANCE

완벽보다는
균형

　오래전에 대도시에서 살아남기 위해 허리띠를 졸라매며 아둥바둥 살았던 적이 있었다. 힘들었지만 그래도 은행 잔고가 불어나는 재미로 살았던 시간이었다.

　그런데 이런 생각이 바뀌게 된 계기가 있었다. 언젠가 출장을 다녀와서 성과 보너스를 받았는데 봉투가 하나 더 있었다. 의아한 마음으로 그 봉투를 열어보니 피트니스 클럽 회원권이 들어 있었다. 당시 내 형편으로 피트니스 클럽에 간다는 것은 그야말로 사치였다. 하지만 그것을 선물하신 사장님의 충고를 듣는 순간 내 경직된 생각의 틀이 깨져버리고 말았다.

　"대부분의 사람이 사는 데 바쁘다는 핑계로 자기 삶을 너무 헐값으로 취급하는 경향이 있어. 그래서 점점 지치고 자존감도 사라지는 거지. 자네는 삶의 질을 높이기 위해 가장 기본이 되는 것이 뭐라고 생각하나? 바로 건강이야. 앞만 보고 사느라 건강을 소홀히 하면 삶의 일부를 잃는 것과 다를 바 없네. 건강을 잃으면 모든 것을 잃는 것과 같아."

그 말이 나의 자존감을 일깨워주고 삶의 질과 균형에 대해 고민하는 계기가 되었다. 그날 이후로 나는 하나의 원칙을 고수했다. 불가피한 상황이 아니라면 일 외의 시간과 돈을 온전히 나를 위해 투자하기로 한 것이다.

한동안 나는 인정에 질질 끌려다닌 적이 있었다. 부서에 중요한 손님이라도 찾아오면 늘 술 상무 역할을 도맡아야 했고, 힘들어도 거절하지 못했다. 처음에는 그럭저럭 견뎠지만 이런 일이 반복될수록 퇴근 없이 24시간을 회사에 얽매여 노예처럼 사는 느낌이 들었다.

결국 나는 심각한 고민에 빠졌고, 이 상황을 바꿔보기로 결심했다. 그런데 그 과정은 너무나 허탈할 만큼 수월했다. 나 하나쯤 사라져도 세상은 변하지 않는다는 말처럼 모든 일은 나 없이도 합리적인 해결 방법을 찾아 참 잘 돌아갔다.

자신의 앞가림조차 못하면서 남에게 베풀기만 한다면 생활의 균형을 잃고 결국 주저앉게 된다. 아무리 화려하게 타오르던 불꽃도 꺼지고 나면 재밖에 남지 않는다. 반면 굽이굽이 흐르는 실개울은 가늘게 흐르지만 오래도록 유지된다. 인간관계에서 자신이 원하는 것에 주의를 기울이고, 그것을 표현할 줄 아는 용기도 무척 중요하다.

세일즈업계에 종사하는 한 독자가 이런 고민을 털어놓은 적이 있다. 그는 고객을 상대하는 능력이 탁월한데도 실적으로 잘 이어지지 않아 답답해했다. 자세히 들어보니 고객과 편안하게 대화를 이어가고, 세심하게 마음을 움직이려고 노력한 것까지는 훌륭했다. 그러나 막상 계약서에 사인을 할 때가 되면 고객이 이런저런 문제의 해결을 요구하며 계약을 미뤘다. 그렇다고 거절할 수도 없는 노릇이었다. 계약을 성사시키는 것이 급선무였기 때문에 그는 울며 겨자 먹기 식으로 고객의 요구를 다 들어줄 수밖에 없었다. 그러다 보니 몸만 힘들고 실적은 생각만큼 오르지 않았다. 그의 얘기를 듣다 보니 몇 가지 의문이 들었다.

'그는 왜 고객과의 대화가 무르익었을 때 결정적인 기회를 포착해 계약을 성사시키지 못했을까?'

'계약하지 않는 사람을 상대로 왜 그가 요구하는 것을 다 들어주었을까?'

'왜 고객이 무리한 요구를 하는데도 완곡히 거절하지 못했을까?'

나는 이 문제들을 하나하나 분석해보았다.

첫째, 고객이 마음을 열었을 때 자연스럽게 계약을 유도해야 한다. 계약서를 들고 찾아간 이상 고객 역시 세일즈맨의 의도를 누구보다 잘 알고 있다. 그렇다면 기회다 싶을 때 골대 앞에서 결정적인 슛을 날려야 한다.

둘째, 고객이 계약을 하지 않으면 그 이유를 알아보고 해결해주어야 한다. 그러나 계약과 상관없는 일이라면 굳이 나서서 해결해줄 이유가 없다. 세일즈맨은 자신이 고객을 찾아갔다는 이유로 약자가 되어서는 안 된다. 명확한 목적의식을 가지고 단호하게 목표를 달성해야 한다. 고객을 위한 서비스는 그 후에 하는 편이 좋다. 이것은 회피가 아니라 원칙이다.

셋째, 이것은 내가 특히 강조하고 싶은 점이다. 고객은 계약서에 서명하기에 앞서 다양한 서비스를 하나라도 더 받아내고 싶어 한다.

대부분의 세일즈맨이 고객과 계약을 하기 전까지 간이라도 내어줄 것처럼 굴다가 계약이 끝나기 무섭게 안면을 몰수하는 경우가 많기 때문이다. 이런 일이 많다 보니 고객 역시 불안한 마음이 앞서 계약을 주저하게 된다.

보통 이런 상황은 세일즈맨이 소속된 회사의 지명도나 신용도가 충분하지 않기 때문에 일어난다. 이럴 때는 고객의 믿음을 사는 것이 무엇보다 중요하다. 우선 계약 후에도 고객에게 문제가 생기면 언제든 달려가겠다는 믿음을 심어주어야 한다. 그래야 고객의 마음을 살 수 있다. 사실, 현실적으로 다들 먹고살기 바쁜 상황이라 구매하고 나서 고객과 세일즈맨이 다시 만나는 일은 그리 많지 않다. 그러니 제품에 대한 확신이 있다면 이 점을 고민할 이유가 없다.

세일즈 과정 중에 부딪히는 어려움을 극복하고 자신의 요구를 충족시켜야만 세일즈맨으로서 합격점을 받을 수 있을 것이다.

입장을 바꿔 생각하기

그림 같은 집에서 사는 한 남자가 있었다. 넓은 정원, 잔디, 수영장 등 모든 것을 다 갖춘 멋진 집이었다. 그런데도 그는 이사 간 지 얼마 안 된 그 집에 금세 싫증을 느꼈다. 집이 넓고 아름다운 것과는 아무 상관없이 오로지 매일 같은 집에서 사는 것이 지루해졌을 뿐이다. 결국 그는 부동산 중개업자를 불러 집을 내놓기로 했다.

"이 집을 팔려고 합니다. 이제 이 집도 싫증이 나서 나한테는 지옥처럼 느껴지네요."

다음 날, 중개업자는 신문 지면을 통해 매매광고를 냈다. 광고 속에 등장하는 집은 너무나 완벽하고 매력적이어서 원래 주인조차 자신이 그런 집에 살고 있다는 것이 믿기지 않을 정도였다. 그는 그 광고를 보고 또 보며 자신의 집에 대한 애착이 다시 살아나기 시작했고, 곧바로 중개업자에게 전화를 걸었다.

"마음이 바뀌었습니다. 이 집을 내놓지 않겠어요. 광고를 보니 내 집이 달리 보이더군요. 내가 원했고, 나에게 가장 잘 맞는 집이라는 것을 그동안 잊고 있었어요."

똑같은 문제라도 보는 관점에 따라 결과는 확연히 달라진다.

때때로 자신의 발전을 위해 필요한 사람이 자신에게 딱 맞는 사람이 아닐 수 있다. 하지만 그들의 엄격하고, 까다롭고, 냉정하고, 단호한 성향이 나를 진지하고, 세심하고, 성실하고, 인내하는 사람으로 성장시키는 약이 될 수 있다. 주변 사람의 장점을 찾아내는 안목이 없다면 그들로부터 받는 심리적 고통이 육체적 고통을 훨씬 뛰어넘을 것이다.

길을 걷다가 마주 오는 사람과 부딪혀 넘어졌다면 어떤 생각이 들까? 그 사람이 날 괴롭히기 위해 고의로 부딪쳤다고 생각하면 이 일이 심각한 말다툼이나 몸싸움으로 번질 가능성이 크다. 반대로 그 사람이 아주 급한 일이 있어 서둘러 가다 부딪혔다고 생각하면 너그러운 마음으로 그 순간을 넘길 수 있다.

이렇듯 세상일이 다 보는 관점에 따라 다른 결과를 낸다. 그런 의미에서 주위의 환경을 내가 원하는 모습으로 바꾸려고 억지를 부리는 것은 어리석은 짓이다. 치열한 경쟁에서 분노와 눈물로 시간을 보내고 싶지 않다면, 자신의 자원과 두뇌를 이용하고 원칙을 고수해야 한다. 그래야 그 경쟁 속에서 발붙이고 발전할 수 있다.

칭찬과 인정을
조심하자

어린 원숭이 한 마리가 나뭇가지에 긁혀 피를 흘렸다. 원숭이는 지나가는 다른 원숭이에게 상처를 보여주며 말했다.

"친구야! 이것 좀 봐. 아파 죽겠어."

다른 원숭이가 그 원숭이를 위로하며 안타까워하자 지나가던 또 다른 원숭이들까지 합세해 다양한 치료 방법을 알려주었다.

생전 처음 이런 관심을 받아본 원숭이는 계속해서 친구 원숭이들에게 상처를 보여주며 그 상황을 즐겼다. 그러다 얼마 후 그 원숭이는 상처가 감염되어 갑자기 죽고 말았다. 이 원숭이의 죽음을 두고 마을의 원로 원숭이는 안타까움을 감추지 못했다.

"어린 원숭이가 늘 아프다는 말을 입에 달고 다니더니 결국 마음의 병을 얻어서 죽고 말았어."

우리가 실의에 빠졌을 때 주변 사람들의 동정이나 도움이 약이 아니라 독이 될 수가 있다. 남이 해주는 듣기 좋은 말에 현혹되어 자칫 자아를 잃어버리기 쉽기 때문이다. 자신의 가치는 스스로 평가하고 발전시켜야 하는 부분이며, 지나친 칭찬과 과도한 인정은 현실을 외면하고 싶게 만들 뿐이다.

누군가 일 처리가 완벽하다고 허풍을 떨며 의도적으로 비행기를 태운다면 이런 식으로 말해보는 것은 어떨까?

"그렇게 좋게 말해주셔서 감사해요. 그런데 절 너무 믿지 마세요. 저도 가끔은 실수할 때가 있답니다."

이런 식의 대답은 상대방의 과한 칭찬으로부터 자신을 보호하고, 그의 입에서 더 이상의 아부와 칭찬의 말이 나오지 못하도록 적절히 차단하는 효과가 있다.

인맥 디자인 TIP
타인의 칭찬과 인정에 목매는 욕망으로부터 멀어져야 한다. 한 가지 일에 집착할수록 당신의 가치는 작아진다.

BLOCK

감정의 골이 깊어지기 전에
차단하기

받아들이거나

거절하거나

내게는 꽤 오랫동안 알고 지내는 친구가 있다. 그 친구는 자기 주변에 진정한 친구는 나 하나뿐이라고 늘 입버릇처럼 말하곤 했다. 사실, 그는 나무랄 데 없이 착한 성품을 지녔음에도 대인관계가 원만하지 못했다. 그의 눈에 회사 동료는 늘 걸림돌이자 눈엣가시였고, 뜻대로 풀리지 않는 일들 때문에 불만만 쌓여갔다. 물론 '인생에서 십중팔구는 뜻대로 되지 않는다'는 말이 있다. 하지만 내가 보기에 뜻대로 안 되는 일은 고작 '열 개 중 한두 개'에 불과했다. 당시 친구가 그 이유를 물었을 때 나는 운이 좀 좋았던 것 같다고 대답했다. 그런데 어떤 일을 계기로 그것이 단순히 운이 좋아서가 아니라는 것을 깨닫게 되었다.

어느 날 나와 친구가 함께 동창의 식사 초대를 받은 적이 있었다. 오랜만에 만나는 자리라 화기애애한 분위기 속에서 웃고 떠들며 식사를 마쳤다. 그런데 계산을 할 때 약간의 문제가 생겼다. 식사를 초대한 동창이 지갑을 깜빡하고 안 가져왔던 것이다. 당시 나는 친구의 굳은 표정을 보며 서둘러 대신 계산을 하고 일단 그 상황을 마무리했다. 동창과 헤어지고 나자 친구가 참았던 불평을 쏟아냈다.

"너무 속 보이는 짓 아냐? 자기가 초대해놓고 지갑을 안 가지고 온다는 게 말이 돼? 처음부터 돈을 낼 생각이 없었던 게 분명해."

"오랜만에 만나서 밥도 먹고 좋았잖아. 그럼 됐지 뭐. 급하게 나오느라 지갑을 챙기지 못했다고 생각하자."

그 뒤로도 친구의 불평은 끝이 없었다. 솔직히 말해서 나는 그때 그 친구의 장점이 때로는 단점이 될 수 있다는 사실을 깨달았다. 그는 원칙주의자였다. 자신뿐 아니라 남에게도 철저한 원칙의 잣대를 들이댔다. 원래 우리를 초대한 동창은 경제적 능력이나 인품 면에서 전혀 문제될 것이 없는 친구였다. 그럼에도 친구는 그가 계산을 하지 않았다는 이유, 즉 원칙을 지키지 않았다는 것에 분노했다. 아이러니하게도 내가 이 친구를 좋게 생각했던 이유 중 하나가 바로 이런 원칙주의였다. 물론 단점보다 장점을 먼저 보는 나의 긍정적인 사고가 한몫했다.

만약 한 사람을 '사소한 것에 집착하고, 남을 평가하기를 좋아하는 사람'으로 단정한다면 과연 그의 장점을 발견할 수 있을까? 이런 식의 단정은 개인적인 생각과 편견에서 나왔을 가능성이 크다. 그런데 이런 단점이 때로는 장점이 되기도 한다. 달리 말하면 원칙을 중요하게 생각한다는 또 다른 표현이기 때문이다. 이런 사람에게 일을 맡기면 착오가 생길 위험이 적어 도리어 도움이 될 때가 많다. 이처럼 모든 일에는 양면성이 존재한다.

갈등은 서로 잘못된 신호를 전달하기 때문에 발생한다. 나와 타인의 생각이 일치하지 않을 때 오해가 생기고, 그런 불필요한 오해를 풀기 위해 골머리를 앓는 것이다.

낙숫물이
댓돌을 뚫는다

살다 보면 누구나 오해와 갈등을 경험하게 된다. 오해는 정보 발신자가 정보를 효과적으로 전달하지 못했을 때, 혹은 수신자가 예상했던 반응을 보여주지 않았을 때 생긴다. 여기서 갈등의 주범은 누구일까? 정보를 준 사람일까? 정보를 받은 사람일까?

이 문제에 대해 심리학자들은 갈등의 주범은 바로 고통을 느끼는 사람이라고 말한다. 그렇다면 우리는 왜 오해의 늪에서 쉽게 빠져나오지 못하는 것일까? 아마도 오해에서 비롯된 억울한 감정에 자꾸 몰입되기 때문일 것이다. 물론 처음에는 부당하게 느껴지겠지만 당사자 역시 그런 오해를 야기한 소통의 방식에 대해 고민할 의무와 책임이 있다. 그런 고민과 반성의 과정을 거치지 않고 잘못된 소통방식을 계속 반복하게 된다면 문제를 절대 해결할 수 없다.

'낙숫물이 댓돌을 뚫는다'고 했다. 자신을 둘러싼 오해와 갈등의 고리를 끊어버리고 싶다면 소통방식의 변화를 고민하고 하나하나 바꿔나가야 한다. 상대방의 주파수에 맞춰 정보를 전달하는 최선의 소통방식을 찾아냈을 때 인간관계의 폭은 그만큼 넓어진다.

사소한 일에 대한
집착을 버리자

예전에 한 독자가 편지를 보내 이런 고민을 털어놓았다.

'학원 관리직에서 일하고 있는데 지난주에 문제가 생겼어요. 강사 한 명이 신규 수강생을 소개시켜주며 중계수당을 신청했거든요. 거기까지는 전혀 문제될 게 없었죠. 근데 그 수강생을 불러 상황을 조사해보니 그의 말과는 많이 달랐어요. 그 학생은 언니가 우리 학원에 다녔고, 그 강사와도 친분이 있어서 자연스럽게 우리 학원을 선택한 것뿐이었죠. 강사가 중계수당을 요구할 케이스가 아니었던 겁니다. 그래서 전 원칙대로 중계수당을 지불하지 않기로 했어요. 그러자 그 강사가 불같이 화를 내며 사람들 앞에서 저를 모욕하고 학원을 그만둬버렸습니다. 지금까지 몇 년 동안 성실히 일한 죄밖에는 없는데 이런 평가를 받는다는 게 너무 억울합니다. 더 참을 수 없는 건 다들 내가 승진에 눈이 멀어 강사를 양심 불량자로 만들었다고 오해한다는 겁니다. 이제는 일할 의욕조차 나지 않습니다. 그래도 먹고살려면 이 일을 그만둘 수 없는데 어떻게 해야 할까요? 선생님의 책을 봤습니다. 읽어 보니 성공하고 싶다면 자신이 무엇을 원하는지 알고, 자신의 관점을 끝까지 관철시켜야 한다고 말씀하셨더군요. 그래서 선생님이라면 제가 다시 자신감을 찾는 데 도움을 주실 수 있을 거라 생각했습니다.'

편지를 다 읽은 후 나는 그의 고민을 냉정하게 판단해보았다. 그가 나의 독자라는 이유로 두둔할 마음도 없다. 나는 그에게 심리적 결함이 있다는 결론을 내렸다. 게다가 그는 내 생각을 왜곡해서 받아들였다. 자기 생각을 끝까지 관철하라는 말은 동료를 승진의 발판으로 삼으라는 의미가 아니다.

수강생이 스스로 원해서 왔든 그렇지 않든, 강사와의 친분을 통해 학원을 찾았다면 중계수당을 지불하지 않을 이유가 없다. 그럼에도 그는 굳이 뒷조사까지 해가며 꼬투리를 잡고 강사의 체면을 구겨 놓았다.

그는 관리직 직원으로서 학원을 위해 최선을 다한 것뿐이라고 말하지만 그 이면을 들여다보면 사소한 꼬투리라도 물고 늘어져 실적을 쌓고 승진하고 싶은 욕심이 분명 작용했을 것이다. 아마 그는 이런 생각에 절대 동의하지 않을 것이다. 그저 나를 통해 자신에게 잘못이 없다는 것을 인정받고 싶을 뿐이리라.

그는 사소한 일에 집착해 큰일을 망치는 케이스다. 해당 강사가 사표를 낸 후 학원에 안 좋은 소문이 퍼지거나 강사들 사이에 반감이 커지면 도리어 학원에 피해를 주게 되고, 결국 그 자신에게도 부정적인 영향을 미치게 된다.

내가 그에게 진심으로 충고하고 싶은 말은 자신이 어떤 행동을 했다면 그 이유를 솔직히 들여다보고 반성하는 자세를 가져야 한다는 것이다. 책을 통해 성공의 지혜를 얻는 것도 중요하다. 하지만 자신의 상황에 유리한 내용만 단편적으로 기억하고 한쪽 눈을 감은 채 세상을 산다면 아무리 좋은 책도 무용지물에 지나지 않는다.

말과 행동에
신중을 기하자

신중할수록 골칫거리를 최소화할 수 있다. 특히 젊었을 때부터 신중한 태도가 몸에 배면 불필요한 갈등에서 벗어나 더 안정된 환경 속에서 경쟁우위를 점할 수 있다.

회식을 할 때 동료 한 명이 사장에 대한 불평과 험담을 쏟아내며 고민 상담을 한다면 어떻게 대처해야 할까? 예전에 직장인 네 명에게 이 질문을 한 적이 있는데 참 다양한 대답이 나왔다.

갑 : 누가 아니래! 지난번에 나도 그런 일이 있었잖아. 사장이 나한테도 똑같이 그랬어. 아주 돌아버리는 줄 알았다고!

을 : 그래도 사장이 나쁜 사람은 아니잖아. 단지, 가끔 힘들게 해서 그렇지……. 에잇, 다 잊고 힘내자고! 언젠가 다 좋아지겠지!

병 : 그런 소리하지 마. 여기서 사장 험담해봤자 해결되는 건 아

무엇도 없어. 그런 걸 이겨내는 것도 다 능력이야!

정 : 조심해! 사장 험담했다가 소문이라도 나면 어쩌려고 그래?

네 사람의 반응은 각기 달랐다. 그런데 이들 중 가장 문제가 되는 대답을 한 사람은 누구일까? 바로 갑이다. 비록 위로하기 위해 한 말이지만 사장의 귀에 들어가는 순간 직원 두 명이 그를 욕한 꼴이 되어버린다.

병과 정의 대답은 상대방의 기분을 더 상하게 하는 역효과를 낼 수 있다. 누구나 불평불만을 털어놓을 권리가 있다. 그들 역시 그런다고 문제가 해결되지 않는다는 것을 잘 알고 있다. 그런 그들을 상대로 모든 것을 그들의 탓으로 돌리거나 말 자체를 차단하는 짓을 해서는 안 된다. 가장 이상적인 것은 바로 을의 대답이다.

"사장이 나쁜 사람은 아니잖아. 단지……."

비난과 칭찬이 공존하는 가장 안전한 대답이다.

인맥 디자인 TIP
같은 행동을 반복하면 결과는 늘 똑같을 수밖에 없다.

나를 지키는
영리한 대처법

기회를 포착해

능력을 보여주자

    회사에서 광고 디자인을 하는 친구의 경험을 이야기해볼까 한다. 그는 지난 3개월 동안 일 때문에 한시도 마음 편할 날이 없었다. 업무 스트레스와 더불어 광고를 만들어내야 하는 창작의 고통이 따랐기 때문이다. 팀장의 손을 거쳐 디자인이 최종적으로 채택되기까지 동료들 간의 경쟁도 치열했다. 물론 디자인이 통과되면 두둑한 보너스도 기다리고 있지만 그의 디자인은 1년이 넘도록 단 한 번도 채택된 적이 없었다. 그는 이 문제로 심각한 고민에 빠졌고 냉정하게 자신을 돌아보고 작품을 평가해보았다. 그리고 자신의 아이디어가 연이어 '완전 몰살'이 될 만큼 형편없지 않다는 결론에 도달했다.

    어느 날 그는 우연한 기회에 팀장이 경쟁사에 회사 디자인을 빼

돌리고 있다는 사실을 알게 되었다. 그는 치밀어 오르는 화를 주체할수가 없었다. 자신의 작품이 시장에서 충분히 경쟁력이 있는데도 죽어라 아이디어를 짜내 다른 사람의 주머니만 두둑이 채워준 꼴이 되어버린 것이다. 게다가 더 화가 나는 것은 자신이 아무 힘이 없는 일개 직원이라는 사실이었다. 이 사실을 사장한테 보고해도 그 화살이 도리어 자신에게 향할 가능성이 높았다.

그는 고민 끝에 기회를 잡아 자신의 실력을 드러내보기로 했다. 그리고 마침내 그 기회가 찾아왔다. 회사에서 중요한 고객의 광고 디자인을 맡게 된 것이다. 그날 팀장은 퇴근 전까지 시안을 제출하라고 요구했다. 하지만 그는 고객이 다음 날 점심시간에 직접 시안을 검토하러 온다는 정보를 얻었고 그때 직접 시안을 보여주기로 결심했다.

다음 날, 출근하자 사장이 고객을 맞이하기 위해 직접 사무실까지 내려와 있었다. 순간 그는 바로 이때라는 생각이 퍼뜩 들었다. 그는 사장에게 반갑게 인사를 건네며 넌지시 작품에 대한 귀띔을 했다.

"작품이 방금 다 완성되었는데 고객이 마음에 들어 했으면 좋겠습니다."

고객이 올 때까지 시간적 여유가 있었던 터라 사장은 곧바로 그의 작품에 호기심을 드러냈다. 사장은 작품을 보자마자 그의 참신한 아이디어에 칭찬을 아끼지 않았고, 곧장 팀장을 불러 의견을 물었다.

"이 정도면 고객이 100퍼센트 만족할 것 같은데, 안 그런가?"

"좋은데요. 이번에는 자네가 아주 칼을 갈았나 본데?"

이 말을 듣자마자 친구는 농담처럼 이렇게 말했다.

"칼이야 늘 갈고 있죠. 근데 제가 보기에는 예전 작품 중에 좋은 게 훨씬 많았던 것 같은데요?"

그 말이 사장의 귀를 파고들었는지 바로 팀장에게 그의 예전 작품을 모두 가져오라고 지시를 내렸다. 잠시 후 그의 작품을 검토하는 사장의 얼굴 표정이 서서히 굳어갔다. 그리고 한 달 후 팀장은 회사를 그만둬야 했다.

명목뿐인 존경을 핑계로
거리를 유지하자

직장 여성의 경우 사무실에서 애매한 상황에 부닥치는 경우가 종종 있다. 예를 들어 상사가 일 때문에 여직원을 사무실로 호출하는 것은 지극히 정상적인 일이다. 그러나 아무 목적 없이, 혹은 일을 핑계로 이런 호출을 일삼는다면 그 뒤에 흑심이 도사리고 있다고 봐도 무방하다.

남자 상사가 별로 중요하지 않은 업무를 핑계로 야근을 강요한다면 여직원은 적당한 이유를 대고 그 요구를 완곡히 거절해야 한다. 이런 일이 반복되면 상사는 여직원이 쉬운 상대가 아니라는 것을 직감하고 함부로 행동하지 못하게 된다. 또한 남자 상사가 업무와 직접적인 관련이 없는 여직원의 가정사, 사회관계, 애정관계 등 사적인 부분에 지나치게 관심을 두는 것 역시 경계해야 한다. 직장에서 여성은 상사에게 이런 개인적인 정보를 함부로 흘려서는 안 된다.

그렇다면 이런 일을 당했을 때 어떻게 대처해야 할까? 이럴 경우일수록 상대를 치켜세우고 뒤로 빠지는 전략을 구사하는 게 좋다. 상사에 대한 '거짓' 존경심을 드러내고, 상대가 체면 때문에 더 이상 집적거리지 못하게 해야 한다. 만약 상사가 옆에서 성희롱에 가까운 말을 한다면 일단 화를 참고 침착하게 이렇게 말해보자.

"제가 얼마나 존경하고 있는지 잘 아시죠? 앞으로 그런 농담은 삼가주시면 고맙겠습니다."

그러면 상대방은 멋쩍어하며 더 이상 다가설 엄두를 내지 못할 것이다.

비공식적인 장소를
활용하자

우리 주위에 항상 좋은 사람들만 있는 것은 아니다. 일할 때 악의적인 사람을 만나 불쾌한 말을 들었다면 어떻게 대처해야 할까? 일단 그 사람이 왜 그런 말을 했는지, 평상시 일할 때 내가 너무 이기적으로 굴지는 않았는지 냉정하게 돌아보아야 한다. 이 과정에서 문제점이 보이면 고치고, 없으면 주변 사람과의 원만한 대인관계를 위해 더 최선을 다해 노력해야 한다. 또 다른 방법은 '네가 잘하면 나도 잘하고, 네가 못되게 굴면 나도 못되게 군다'는 마음으로 강하게 대처하는 것이다.

예전에 이런 경험이 있었다. 동료 한 명이 상사 앞에서 나를 늘 난처하게 만들곤 했다. 그러다 한번은 상사와 셋이서 식사를 할 때 나는 똑같은 수법으로 그를 공격했다.

"라오리, 자네는 가끔 너무 말을 막 하는 경향이 있어. 나는 자네에게 예의를 지켜서 할 말 안 할 말을 구분하는데 자네는 왜 그러는 건데? 지난번 일만 해도 그래. 신입사원이 실수를 했을 때 그 직원을 좀 감싸줬다고 어떻게 면전에 대고 둘이 사귀는 거 아니냐는 말을 할 수가 있지?"

상사가 앞에 있어서인지 그는 예전처럼 강하게 반박하지 못하고 그저 웃으며 그 상황을 모면하려 했다.

"그냥 농담한 걸 가지고 뭘 그렇게 심각하게 반응하고 그래?"

옆에서 듣고 있던 상사도 그제야 라오리의 실체를 눈치챈 듯 보였다. 이런 수법은 상사 앞에서 자신의 실체가 드러나는 것을 가장 두려워하는 소인배를 상대할 때 효과적인 대처법이다. 물론 내가 누구도 넘볼 수 없는 실력과 배경을 가지고 있다면 이런 소인배들의 공격쯤이야 그저 웃어넘길 수도 있을 것이다. 이런 실력파 직장인의 최고 대처법은 바로 '청자자청, 탁자자탁(淸者自淸, 濁者自濁)'이다. 이는 혼탁한 자 스스로 혼탁하고 청정한 자 스스로 청정하니 소인배와 함께 머물러도 그들의 영향을 받지 않는다는 의미다.

직장생활을 하다 보면 남의 공을 빼앗아 자신의 출세를 위해 이용하는 경우를 종종 보게 된다. 이런 행위의 본질은 내 것이 될 수 없는 남의 것을 강탈하는 것과 같다. 더구나 능력자들 역시 이런 문제에서 자유롭지 못하다는 사실이 놀라울 뿐이다.

샤오레이는 직장에서 세일즈 실적이 꽤 좋은 젊은이였다. 그는 세일즈를 위해 포석을 까는 능력이 대단했고, 고객을 위해서라면 무조건 최선의 서비스를 제공했다. 사실, 이러기 위해 그가 처리하고 감당해야 할 일은 산더미 같았다. 하지만 그는 겉으로 전혀 티를 내지 않았고, 그런 사정을 알 리 없는 동료들은 그저 그가 운이 좋다고만 생각했다.

어느 날, 사장이 샤오레이를 불렀다. 사장은 거물급 고객을 잡기 위해 가장 믿을 만한 그에게 세일즈를 맡겼다. 그리고 자질구레한 일이 생기면 전부 맡기라며 동료 밍밍을 파트너로 붙여주었다. 그러나 샤오레이는 처음부터 밍밍을 잔심부름꾼이 아닌 함께 일하는 파트너로 받아들였고, 밍밍에 대해 전혀 경계나 의심을 하지 않았다. 그는 고객을 만나러 갈 때도, 세일즈전략을 짤 때도, 고객과 만나 식사 대접을 하며 세일즈를 할 때도 늘 밍밍을 데리고 다녔다. 모든 일이 순조롭게 풀렸고, 두 달이 채 되지 않아 그는 고객의 마음을 사로잡는 데 성공했다.

이번 세일즈의 일등공신은 샤오레이가 지난 몇 년 동안 쌓아온

두터운 인맥이었다. 고객의 친한 친구들이 모두 그의 고객이다 보니 백 마디의 말보다 훨씬 효과적으로 그의 마음을 사로잡을 수 있었다. 이렇게 계약을 성사시킨 두 사람은 홀가분한 마음으로 회사로 돌아갔다.

그런데 전혀 예상치도 못한 일이 그를 기다리고 있었다. 그가 방심한 틈을 타 밍밍이 먼저 사장에게 업무보고를 한 것이다. 그는 그간의 세일즈 과정을 상세하게 보고서로 작성해 사장에게 넘겼고, 이번 세일즈의 일등공신이 자신이라는 강한 인상을 남겼다. 이런 일이 가능했던 건 그동안 세일즈 과정을 드러내지 않고 주먹구구식으로 일한 샤오레이의 탓이 컸다. 그동안 사장 역시 샤오레이의 세일즈 실적을 인정하면서도 단순히 운이 좋아서라고 짐작만 할 뿐이었다. 그런 상황에서 밍밍이 제출한 보고서는 그의 판단이 잘못된 것이 아니라는 확신을 주었다. 밍밍은 보고서의 내용을 자신에게 유리하게 각색했고, 그동안 어떤 전략으로 고객을 체계적으로 공략했는지 한눈에 들어오게 기록해 올렸다. 사실, 사장은 근면과 성실을 업무의 최우선으로 삼는 사람이었고, 주먹구구식으로 일하는 사람을 그다지 신뢰하지 않았다. 그동안 샤오레이의 실적 때문에 그를 인정하기는 했어도 그의 일하는 스타일이 딱히 마음에 들었던 것은 아니었다.

이 일로 샤오레이는 엄청난 충격을 받았고, 일을 잘하는 것도 중요하지만 그것을 기록해 보고하는 과정도 꼭 필요하다는 깨달음을 얻었다. 사장은 직원들이 직접 세일즈를 뛰는 현장을 보지 못하기 때문에 어떤 과정을 거쳐 계약을 성사시키는지 보고서를 제출하지 않으면 전혀 파악할 수 없다. 그래서 직원은 업무의 구체적인 내용을 서면으로 작성하고 자신이 그 일을 성사시키기 위해 어떤 노력과 힘든 과정을 거쳤는지 알려야 한다. 그래야 더 정당한 대우를 받을 수 있다.

인맥 디자인 TIP

운명은 모든 것을 결정하고, 그 운명을 바꾸는 힘은 바로 당신에게 있다.

문제 해결을 위한
효율적인 의사소통

잘 들어야

잘 말할 수 있다

소통이 모든 일을 해결할 수 있는 만능열쇠는 아니다. 그러나 생활 속 대부분의 일은 소통만이 해결책이 될 수 있다. 우리는 종종 소통의 벽이 느껴지는 사람들과 마주하게 된다. 그들은 남의 말에 귀를 기울이는 것처럼 보이지만 한 귀로 듣고 한 귀로 흘려버리기 일쑤다.

나 역시 이런 실수를 한 적이 있다. 몇 년 전 회사에서 일할 때의 경험이다. 세일즈 담당 부서의 부장이었던 나는 직원들에게 공격적인 마케팅을 적극 권장했다. 그래서 그들이 고객을 관리하는 방식과 비용에 제약을 거의 두지 않았다.

한번은 큰 고객을 잡기 위해 꾸려진 전담팀에서 고객 접대비로 기준치 이상의 액수를 쓴 적이 있었다. 그리고 회사 측은 그 초과 액수에 대한 지불 거절을 결정했다. 팀장인 샤오양의 구두보고를 들었을 때만 해도 나는 고객의 중요도를 감안할 때 그 정도의 비용은 타당하다고 판단했다.

당시 나는 직원들을 안심시키며 초과 액수까지 정산이 되도록 힘을 써보겠다고 약속했다. 하지만 나의 설득에도 회사는 끝내 우리의 입장을 이해해주지 않았다. 나는 미안한 마음을 안고 직원들에게 이 사실을 통보했다. 예상대로 샤오양은 불같이 화를 냈고, 팀원들도 받아들일 수 없다는 듯 불만을 드러냈다.

문제가 심각해지자 나는 샤오양을 개인적으로 불러내 얘기를 해보기로 했다. 나는 그에게 회사의 원칙을 바꾸기는 힘들다며 설득했지만 그는 여전히 반감을 드러냈다. 내가 어떤 말을 하든 샤오양은 귓등으로도 들으려 하지 않았다. 나는 다시 한 번 그를 잘 타일렀다.

"조직에는 정해진 원칙과 제도가 있다는 걸 자네도 잘 알잖아. 그걸 어기면 회사의 기강이 해이해지고 결국 조직 전체가 와해돼."

"저도 압니다. 하지만 융통성이라는 것도 필요하다고 봐요. 저희처럼 발로 뛰어다니며 고객을 만나야 하는 직원들이 금전적인 제약 때문에 접대를 소홀히 한다면 고객이 어떻게 생각하겠습니까? 그런 문제 때문에 고객이 등을 돌리면 도리어 회사의 손해로 이어지는 거 아닙니까?"

그 후로도 그를 계속 설득했지만 전혀 말이 먹히지를 않았다. 나는 안 되겠다 싶어 공적인 관계를 떠나 사적으로 그를 불러내 함께 밥을 먹었다. 그날 우리는 이런저런 얘기를 나누며 식사를 했고, 둘 다 회사에서 느끼는 업무 스트레스와 답답한 마음을 속 시원히 털어놓았다.

　다행히 다음 날부터 샤오양의 태도에 변화가 나타났고, 개인적인 불만을 털어낸 듯 다시 홀가분하게 일을 하기 시작했다. 내가 샤오양에게 원리원칙을 잔뜩 늘어놓았을 때 그는 내 말을 전혀 들으려 하지 않았다. 지금 와 생각해보니 그때는 내 입장과 고충을 이해해주기만을 바랬던 것 같다. 그러면서 금전적 손해를 그에게 온전히 떠넘긴 것이다. 심지어 그의 말에 귀를 기울이지도, 그의 입장에서 생각하지도 못했다. 당연히 공감대는 형성되지 않았고, 시간이 지날수록 그를 더 답답하게 만들 뿐이었다.

사실, 고객을 접대하다 보면 예산 초과가 불가피한 경우가 종종 생긴다. 그런데 회사 측은 회사의 이익을 위해 일하다 생긴 초과액을 온전히 개인에게 떠넘긴 것이다. 더구나 당시 그의 월급이 많지 않은 상황이라 그 비용이 더 부담될 수밖에 없었다. 다행스러운 점은 나와 진솔한 얘기를 나누면서 샤오양의 불만이 어느 정도 해소될 수 있었다는 것이다.

우리는 늘 다른 사람이 자기 생각대로 움직여주기를 바란다. 누군가를 자기 생각대로 재단하고 싶을 때 우리가 가장 먼저 선택하는 방식이 바로 '말'이다. 그런데 이 '말'도 상대방의 말에 먼저 귀를 기울이고 그 마음을 이해했을 때 더 효율적인 소통으로 이어질 수 있다. 상대를 배려하지 않고 오로지 자기 생각만을 말한다면 일방적으로 생각을 강요하는 게 되어버린다. 원활한 소통을 하고 싶다면 먼저 상대방의 말에 귀를 기울이고, 함께 고민을 나누고, 마음을 따뜻하게 다독여주는 배려가 필요하다.

화내고 싶지 않으면
묘수를 부리자

타인과 갈등이 생기거나 말싸움이 벌어졌을 때 자신의 감정을 조절하는 일은 생각처럼 쉽지 않다.

많은 사람이 감정 조절의 어려움을 호소한다. 게다가 부글부글

끓어오르는 감정만 억제한다고 끝나는 문제가 아니다. 그 감정이 고스란히 얼굴에 드러나 표정이 부자연스러워지기 때문이다.

그렇다면 어떻게 화를 가라앉혀야 할까? 타인과 갈등이 생겼을 때 화를 내기에 앞서 상대방의 말을 내 입을 통해 다시 확인해보는 것도 좋은 방법이다. 이때 상대방 역시 자신의 말을 곱씹어보는 시간을 가질 수 있다. 예를 들어 누군가 이런 지적을 했다고 가정해보자.

"어떻게 하면 멀쩡한 컴퓨터를 이렇게 못 쓰게 만들 수 있지? 자네 손이 닿으면 안 망가지는 게 없어. 회사 기물이라고 너무 막 다루는 거 아냐?"

이런 말을 들으면 본능적으로 화가 치밀어 말다툼을 벌이기 십상이다. 이때 한 템포 늦춰 다시 상대방에게 이렇게 물어보는 게 좋다.

"그 말씀은 제가 컴퓨터를 잘못 사용해 망가뜨렸다는 건가요? 다른 원인은 없다고 장담하실 수 있으세요? 고작 컴퓨터 하나가 고장 났을 뿐인데 제가 회사 기물을 막 다룬다고 단정하는 건 아니시죠?"

화를 내지 않고 침착하게 이런 질문을 하는 동안 상대방은 자신이 내뱉은 말을 남의 입을 통해 다시 듣게 되고, 그 속에서 논리적인 허점을 발견하는 순간 아차 싶은 마음이 생긴다.

"내 말뜻은 그게 아니고……."

또한 화를 억제하기 위해서는 소통의 과정에서 갈등을 '미연에 방지하려고' 노력해야 한다. 똑같은 상황이라도 어떻게 말하고 표현하느냐에 따라 전혀 다른 효과가 나온다.

"자네 눈에는 이 오자가 안 보이나? 보고서를 작성해 올리는 사람이 기본이 안 되어 있어, 기본이!"

"듣자하니 다방면으로 아주 일을 잘하고 있다고 하더군. 보고서 내용도 아주 좋아. 근데 틀린 글자가 몇 개 보이는군. 다음에는 좀 더 신경 써서 오탈자가 없도록 해보게."

두 가지 방식의 지적 중에서 후자는 실수를 인정하고 고치도록 유도하는 반면에 첫 번째 방식은 실수를 알면서도 인정하고 싶지 않은 반감만 불러일으킬 뿐이다.

문제 해결의 본질은
소통이다

소통의 목적은 무엇일까? 바로 당면한 문제를 해결하는 것이다. 우리는 문제 상황에 빠졌을 때 소통의 도구를 사용한다. 그런데 사람들은 가장 기본적인 이 목적을 너무 쉽게 간과해버린다. 심지어 예전 일까지 끄집어내 갈등의 골을 더 깊게 만들어버린다. 그러는 사이 문제의 본질은 점점 오리무중으로 빠져버린다. 이런 상황을 피하고 싶다면 상대방의 말에 귀를 기울이고, 문제 해결에 도움이 되지 않는 이야기는 최대한 배제시켜야 한다.

또 한 가지 주의해야 할 점은 문제 해결에 앞서 서로의 이익을 최대한 침해하지 말아야 한다는 것이다. 쌍방의 이익을 고려하지 않으면 소통의 장애가 생기고, 결국 간단한 문제가 복잡한 방향으로 흘러갈 수밖에 없다. 더불어 쌍방관계가 일로 얽힌 비즈니스의 관계인지,

아니면 특수한 감정 문제가 얽힌 관계인지 명확히 할 필요가 있다. 만약 이익 문제 때문에 갈등이 생겼다면 대부분 자기방어를 위해 상대를 안중에 두지 않는다. 하지만 자신의 이익만을 과다하게 고려한 채 상대를 배려하지 않는다면 문제 해결을 기대할 수 없다. 따라서 이익이 쌍방의 공통 관심사일 경우에는 이익의 합리적인 배분을 원칙으로 삼고 원만한 합의를 보기 위해 노력해야 한다.

타협은
예술이다

예전에 한창 혈기왕성하고 머리 회전이 빨랐을 때만 해도 다른 사람의 말문을 막고, 내 의도대로 일을 진행시키는 능력이 참 대단했다. 이런 능력을 이용해 고객을 설득하고 계약을 성사시킬 때면 그 성취감이 이루 말할 수 없을 정도였다.

그러던 어느 날 뜻하지 않은 일이 벌어지고 말았다. 당시 나는 중요한 고객을 접대하는 자리에서 무슨 일이 있어도 회사의 요구 조건에 맞춰 계약을 해주겠다는 약속을 받아내는 데 성공했다. 그래서 또 한 건을 성사시켰다는 마음에 한껏 들떠 있었다.

그런데 다음 날 상황이 뒤집어졌다. 고객이 계약과 관련된 전권을 그의 측근에게 위임한 것이다. 게다가 그 측근은 고객이 나와 약속했던 조항을 모두 배제한 채 독단적으로 계약을 밀어붙였다. 나는 이 어이없는 상황을 해결하기 위해 다시 고객을 찾아갔다. 그는 직원이 의욕이 앞서 그런 일이 생긴 것 같다며 자신이 얘기를 잘해보겠다고 나를 안심시켰다. 하지만 그 후로도 문제는 해결되지 않았고, 심지어 전화조차 받지 않았다. 결국 처음 약속은 온데간데없이 사라졌고, 나는 고객의 직원을 설득해가며 계약을 다시 원점에서부터 시작해야 했다.

그 일을 계기로 나는 깨달은 바가 많았다. 말로 타인을 설득하고, 말로 타인의 약속을 받아내는 일은 쉽다. 하지만 타인에게 합리적인 가치를 제공하지 못하면 친분 혹은 체면을 생각해 억지로 해준 약속은 어느 순간 물거품이 될 위험이 크다.

소통은 타협의 예술이기도 하다. 양측의 이익을 동시에 고려해야 비로소 균형을 이룰 수 있다. 타협해야 할 때는 상대방이 원하지 않는 일을 억지로 강요해서는 안 된다. 그 내용이 합리적이고 타당하면 구두 약속이 바로 효력을 발생하겠지만, 그 반대라면 일이 복잡해지고 속수무책으로 변질될 위험이 있다.

인맥 디자인 TIP

소통을 할 때는 수시로 변하는 상대방의 표정에 주목해야 한다. 무의식중에 드러난 표정 하나에서 그의 진심을 알아챌 수 있다.

PART 3
직장 생존 처세술, 감추거나 드러내기

누구나 자신을 하늘이라고 생각하지만 타인에게 나는
그저 하나의 점에 불과하다. 동료가 나의 장점을 과소평가하고,
경쟁자가 나의 단점을 과대평가하도록 조작하는 것!
이것이 바로 적을 만들지 않고 사람을 얻는 처세술이다.

협력의 기술

자원의

효율적인 활용과 통제

    직장에서 동료들의 자발적인 도움을 얻는 일이 생각처럼 쉽지는 않다. 직장은 친구를 사귀거나 선행을 베푸는 곳이 아니라 각자 맡은 업무와 책임을 바탕으로 이익을 내야 하는 곳이다. 동료, 상사, 부하를 막론하고 이익을 지불하고 이익으로 돌려받을 수 있어야 비로소 협력관계가 형성된다. 직권만을 내세워 상대가 가진 자원을 활용하려 든다면 협력의 마인드를 형성할 수 없다.

    그렇다면 최상의 협력은 어떤 것일까? 바로 자원의 효율적인 활용과 통제가 전제된 협력이다. 더불어 개인이 가진 자원을 활용해 회사의 이익을 위해 공헌할 수 있도록 해야 한다.

    효율적이고 유기적으로 구성된 조직 안에서 타인과의 관계를 어떻게 처리할까? 만약 타인의 협력이 필요하다면 자신에게 왜, 무엇 때문에 협력이 필요하고, 어떤 이익을 서로 주고받을 수 있으며, 내가 어떤 위치에서 협력을 이끌 수 있는지 되물어보자.

이때 상대방이 나에게 협력을 위한 전권을 준다면 결정권을 가지고 주도적으로 일을 처리해도 좋다. 다만, 자신을 너무 과대평가하고 독단적으로 행동해서는 안 된다. 자칫 인간관계의 본질이 흐려지고, 지금까지 쌓아온 인맥조차 무너져버릴 수 있다. 모든 일과 사람을 자신의 통제하에 둔다면 로봇을 고용해 일을 대신 시키는 것일 뿐 진정한 협력이라 할 수 없다.

그 반대 상황 역시 마찬가지다. 내가 상대방에게 질질 끌려 다닌다면 나 역시 로봇의 역할에서 크게 벗어날 수 없다. 이런 의심이 든다면 자신이 기계적으로 일을 하고 있는 것은 아닌지 반성해볼 필요가 있다.

협력을 잘 이끌어내는 것도 하나의 기술이다. 협력에 앞서 어떤 이익을 주고받을 수 있는지, 얼마나 주도적으로 협력을 이끌어갈 수 있는지, 상대방을 위해 어떤 이익을 안겨줄 수 있는지, 타인이 어떤 이유로 나를 협력 파트너로 선택했는지를 꼼꼼히 분석해봐야 한다. 이런 분석이 깊이 있게 진행될수록 훨씬 수월하게 일의 본질과 방향을 파악할 수 있다.

나는 조직 안에서 어떤 역할을 맡고 있을까?

사람마다 조직에서 발휘하는 능력이 다르다. 추진력과 두뇌가 뛰어난 사람, 행동과 말의 파급력이 있는 사람, 힘든 일을 도맡아 처리하는 사람 등 다양한 사람이 모여 조직을 움직인다.

능력이 다르니 사람마다 맡는 역할이나 대우가 같을 수 없다. 여기서 중요한 점은 나에게 어떤 역할이 주어지든 그 전제조건이 합리적이고 정당해야 한다는 것이다. 자신의 존엄을 지키는 일은 매우 중요하다. 타인이 나를 우습게 보면 쉽게 공격하고 함부로 지배하려고 들 것이다.

일을 하다 보면 늘 자질구레한 일이 생기게 마련이고 누군가 그 일을 맡아 처리해야 한다. 그럼 이런 일을 누가 해야 할까? 가장 합리적인 방법은 서로 돌아가면서 처리하는 것이다. 매번 혼자서 이런 일을 도맡아 처리하고 있다면 자신에게 어떤 문제가 있는지 반성해 봐야 한다. 어쩌면 자신도 의식하지 못한 사이에 그런 일을 맘대로 시켜도 되는 사람으로 인식이 박혔을 수도 있다. 그게 아니라면 자신의 발전 목표를 간과한 채 큰 나무를 보지 못하고 사소한 부분에 집착한 결과물일지도 모른다.

집중력과 에너지는 한계가 있기 때문에 오로지 잡일에만 치중하다 보면 갈수록 중심에서 주변으로 밀려날 수밖에 없다. 이런 일을 막기 위한 최선책은 무엇일까? 잡일을 분배할 때 맹목적으로 받아들이거나 무조건 거절하기보다는 이렇게 한번 말해보자.

"다음번에도 제가 계속 이 일을 해야 하나요?"

이 간단한 질문의 위력을 얕잡아봐서는 안 된다. 질문을 가장해 상대방에게 이런 신호를 보내는 것이고, 상대 역시 이 신호를 무시할 수 없다.

"별로 중요하지 않은 일이지만 일단 제게 맡기셨으니 할게요. 하지만 다음번에도 계속 이런 일만 맡긴다면 가만있지 않을 겁니다."

만약 이런 말조차 할 수 없다면 자신감에 문제가 있다고 봐도 무방하다. 게다가 중책을 맡기는 겁나고, 회식자리를 예약하고 전화를 걸고 메일을 보내는 등의 자질구레한 일이 가장 편하고 안전하다고 느끼는 심리가 작용했을 것이다.

그렇지만 영원히 이런 일만 하며 살 생각이 아니라면 생각을 바꿔야 한다. 일은 단련을 통해 숙련된다. 부딪히고, 깨지고, 책임감과 스트레스의 무게를 견뎌내는 과정을 거치면서 자신의 능력을 확인해볼 수 있다.

한마디 더 덧붙이자면, 실력을 키울 수 있는 일이 주어졌을 때 절대 놓치지 말고 그 기회를 잡아야 한다. 설사 실패한다 해도 시도조차 해보지 않는다면 나의 한계를 알지 못한 채 늘 제자리걸음만 하게 될 뿐이다.

누구에게나 성공의 길은 열려 있다. 그러나 한 걸음씩 앞으로 걸어 나아가는 시도와 용기 없이는 성공의 문에 절대 도달할 수 없다.

타인을 쉽게 믿었다가
큰코다친다

협력의 과정에서 동료를 믿어야 한다. 전쟁터에서 전우에게 후방 엄호를 부탁하고도 안심하지 못한다면 눈앞의 적을 무찌를 수 없다. 다만, 어떤 일이든 적정선이 중요하다. 내가 조심하고 경계해야 할 부분을 간과한 채 전우만 의지한다고 문제가 해결되는 것은 아니다. 내가 실수로 지뢰를 밟아도 전우가 나를 살려줄 거라고 생각한다면 이것은 믿음이 아니라 만용이다. 우리는 이런 무모한 용기를 조심해야 한다.

회사의 지점장으로 발령이 난 친구가 있었다. 그는 거침없는 일처리와 리더십으로 직원들 사이에서 꽤나 인정을 받았다. 그런데 어느 날 한 직원을 해고하고 나서부터 일이 꼬이기 시작했다. 그 직원이 앙심을 품고 본사에 탄원서를 보낸 것이다.

그동안 친구는 눈에 띄는 실적을 쌓으며 회사에 기여를 해왔다. 물론 독불장군처럼 밀어붙이는 업무 스타일이 적을 만들기도 했지만 크게 문제가 될 정도는 아니었다. 그럼에도 본사에서는 직접 조사팀을 파견해 진상을 파악하겠다는 통보를 해왔다.

나는 걱정스러운 마음이 들어 친구를 찾아가 이런저런 이야기를 나눴다. 그때 나는 이 일을 간단하게 생각하지 말고 당장 직원들의 입단속을 시키라고 충고했다. 그러나 친구는 대수롭지 않다는 듯 이렇게 말했다.

"괜찮아. 이까짓 일로 무너질 만큼 형편없이 살지 않았어. 직원들도 자신이 어떻게 말하고 대처해야 하는지 잘 알고 있을 거야."

그런 대답을 들으며 나는 그가 억지를 부리고 있거나, 이 일을 너무 쉽게 생각하고 있다는 느낌을 지울 수 없었다. 하지만 더 설득해 볼 겨를도 없이 친구는 일이 있다며 서둘러 자리를 떴다. 그리고 한 달 후 그 친구의 감봉 소식을 전해 듣게 되었다. 친구는 나를 찾아와 그때 내 말을 귀담아듣지 않은 게 후회된다고 하소연을 했다.

"그러고 보니 넌 그때 이미 이런 일이 일어날 줄 알고 있었던 거네? 왜 그런 생각이 든 거야?"

"첫째, 해고당한 직원이 본사에 탄원서를 냈어. 양심 없어 보이지만 그 사람 입장에서는 최후의 발악이라도 해봐야 하니까 이해 못 할 일도 아냐. 본사 입장에서도 이런 일이 한두 번이 아닐 거야. 그런데 왜 윗선에서 특별히 진상조사단을 파견했을까? 조금만 생각해보면 답은 금방 나와. 그 직원이 너에 대해 중상모략을 했고, 윗선에서는 그의 말만 믿을 수도 없으니 사실 확인이 필요했던 거지. 둘째, 본사에서 보낸 조사단이 어떤 생각으로 왔을지 생각해봤어. 그들에게도 주어진 임무라는 게 있지 않겠어? 그러니 자신들이 헛걸음하지 않았다는 인상을 본사에 주기 위해 철저히 진상을 파악하려고 했겠지. 그들에게 괜한 꼬투리를 잡혀 피해를 입지 않으려면 너도 가만히 손 놓고 있으면 안 되는 거였어. 셋째, 직원들이 아무리 너를 믿고 따라도 윗선에서 너를 믿지 않으면 그들 역시 자신이 어느 편에 서야 유리한지 계산하게 되어 있어."

내 말을 듣고 나자 친구는 심란한 표정을 감추지 못했다.

"생각지도 못한 일로 큰 홍역을 치른 셈이지만 그래도 이 정도로 끝났으니 얼마나 다행이야. 안 그래? 이번 일로 사람과의 관계가 이익보다 우선이라는 교훈도 얻었잖아. 그러니까 힘내! 시련을 겪고 나면 더 단단해진다고 하잖아. 그리고 감봉 정도로 끝난 건 본사가 여전히 너의 능력을 신임하고 있다는 증거야. 자칫 강직이나 정직이라도 당했다면 네 자리를 먹잇감 삼아 사람들이 미친 듯이 몰려들었겠지. 그럼 네가 더 힘든 상황에 빠졌을 거야."

그제야 친구의 표정이 한결 편안해졌다.

직장인들의 멘토가 되고부터 참 많이 듣는 질문 중 하나가 바로 "어떻게 해야 직장에서 대체 불가능한 인력이 될 수 있을까요?"이다. 매번 이 말을 들을 때면 나는 그것을 자신의 목표로 삼고 늘 경계를 늦추지 말라고 충고한다. 사실, 대체 불가능한 사람은 아무도 없다. 이런 상황에서 자신을 지키는 길은 자만하지 않고 늘 경계심을 놓치지 않는 수밖에 없다. 사전에 미리 조심하고 방어하는 것이 몸소 지뢰를 밟는 것보다 훨씬 현명하다.

친화력을
기르자

직장 안에서 친화력이 떨어지는 사람은 다른 사람과 함께 일하는 것을 꺼리고, 먼저 말을 걸거나 다가가기보다 남들이 다가와주기만을 바란다. 하지만 이런 상황이 지속되면 동료들은 그를 '말수가 적고, 말 섞기 싫어하는 타입'으로 단정하고 멀리할 것이다. 그러다 보면 조직 안에서 외톨이로 전락하게 되고, 그로 인한 스트레스도 커질 수밖에 없다.

그게 싫어서 무작정 아무 말이나 건넨다 한들 그들의 편견이 쉽게 사라지는 것은 아니다. 말에도 요령이 필요하다. 어떤 얘기를 건네는 게 가장 좋을지 미리 생각해두어야 한다. 그렇지 않으면 상대방의 시간을 빼앗고, 도리어 반감만 살 뿐이다. 예를 들면 동료에게 이렇게 말을 건네보자.

"일은 잘돼가?"

"이 복잡한 내용을 어쩜 이렇게 일목요연하게 정리를 잘했어? 무슨 요령이라도 있는 거야? 있으면 나도 한 수 배우자."

"무슨 일 있어? 안색이 안 좋아. 도움이 필요하면 언제든 말해."

상대를 배려하는 이런 식의 말을 통해 얼마든지 협조적이고 착실한 사람이라는 인상을 줄 수 있다. 고작 몇 마디 말이지만 그 이상의 효과를 거둘 수 있는 것이다.

이런 친화력은 가식적인 행동이 아니라 자신의 발전을 위해 좀 더 멀리 내다본 전략이다. 동료의 아이디어가 실적으로 이어져 상사의 칭찬을 받는 것을 보며 속이 편할 사람은 아무도 없다. 그러나 시기와 질투를 한다고 해서 그 공이 나에게 돌아오는 것은 아니다. 그렇다면 차라리 현실을 인정하고 그 상황을 이용해 은근슬쩍 내 가치를 높이는 편이 낫다.

"이번 아이디어 정말 끝내줬어! 축하해!"

이런 말을 하는 순간 동료나 상사 모두 나를 다른 눈으로 보게 될 것이다.

또한 조직에서 누군가의 도움을 받았을 때 진심 어린 말과 행동으로 고마움을 표시할 줄 알아야 한다. 더불어 기회가 되면 반드시 그 빚을 갚아야 한다.

도움을 요청할 때도 예의가 필요하고, 그의 도움으로 공을 세웠다면 설사 물질적인 보답은 못하더라도 주변 사람들에게 그에 대한 칭찬을 아끼지 말아야 한다.

칭찬에 약하지 않은 사람이 없고, 배려하고 도움을 주는 사람에게 인색한 사람도 없다. 서로를 이어주는 친화력과 진심 어린 말 한마디야말로 조직 안에서 나의 존재감을 부각시키는 중요한 요소다.

인맥 디자인 TIP
상대 위에 군림하려 들지 말고 관심과 배려의 손을 내밀어보자. 그들의 마음을 움직여야 최상의 협력도 가능하다.

처세의 지혜,
경쟁에 당당히 맞서기

용감해야

기회가 찾아온다

경쟁에 맞닥뜨리면 심리적 반감을 느끼고 스스로 경쟁을 피하는 사람이 있다. 사실, 경쟁은 아주 소중한 기회다. 경력이 부족하거나 아직 준비가 덜 됐다고 경쟁을 피하지 말라. 그런 핑곗거리는 성공을 늦출 뿐이다.

심리학 용어에 '최신효과(Recency effect)'라는 것이 있다. 시간적으로 가장 마지막에 제시된 정보가 가장 중요한 역할을 하는 현상이다. 이런 현상은 직장 사회에도 적용된다. 경력이 짧은 신입일지라도 최근 들어 실적이 상당히 좋았다면 상황은 달라진다. 그가 몇 달간 보여준 성과가 상사의 주목을 받는 순간 희망에 한 걸음 다가설 수 있기 때문이다.

리더 역시 최신효과의 영향을 받는다. 상사는 최근 실적, 특히 내가 엄청난 노력을 쏟아부어 이루어낸 일을 똑똑히 기억하고 있다. 만약 직장에서 경쟁 초반에 상사에게 좋은 인상을 남겼다면 이미 남들을 앞설 수 있는 기본 경쟁력을 갖춘 셈이다.

경쟁에서 과감해지려면 경쟁의 의미를 긍정적으로 되새겨보면 된다. 예를 들어 경쟁으로 인해 동료와의 관계가 틀어질까 봐 염려하는 사람이 있다고 치자. 사실, 그것은 본인의 미성숙한 인간관계에 더 큰 원인이 있다. 더불어 그것이 필연적으로 마주해야 할 성장의 진통이라면 하루라도 빨리 드러나는 것이 오히려 좋다. '실패는 성공의 어머니이고 도전은 성공의 아버지'라고 했다.

더러는 경쟁에서 불가피하게 마주해야 하는 자기 과시에 부담을 느끼는 사람이 있다. 사람은 모름지기 조용히 처신할수록 좋다고 여기면서 말이다. 하지만 뭘 감추고 뭘 드러낼지 잘 아는 사람이 도리어 나설 때와 안 나설 때를 판단해 적절히 처신할 줄 안다. 아무것도 가진 게 없을 때에는 일부러 가만히 있거나 애써 자신을 감출 필요가 없다. 자신의 능력을 보여줘도 별로 놀랄 만한 것이 없으니 용기를 내서 자신을 보여주는 편이 차라리 낫다. 단, 용기만 있어서는 안 된다. 머리를 써서 경쟁하는 지혜도 필요하다. 직장생활에서 살아남으려면 타인뿐 아니라 자신과의 장기적인 경쟁도 헤쳐나가야 하기 때문이다.

경쟁이라는 주제에서 한 발 더 나아가 연령별 직장인의 핵심 경쟁력에 대해 논해보자.

일반적으로 25~30세는 직장에 입문하는 걸음마 단계로, 핵심 경쟁력은 전문기술을 제대로 쌓았는지의 여부이다. 초반에 주로 하는 일은 사물을 관리하는 업무다.

30~35세는 급속성장기로 핵심 경쟁력은 관리 능력이다. 이때 하는 일은 사람을 관리하는 업무다.

35~45세는 전성기로 핵심 경쟁력은 전략기획과 사회자원 종합 능력이다. 이 시기에는 안목과 경지를 다툰다.

선의의 경쟁, 악의의 경쟁
모두 극복하기

심리적 소양이 떨어지면 직장에서 악의적인 경쟁에 대처할 수 없다. 직장이 있는 한 경쟁이 존재하는 것은 당연한 이치다. 그러니 악의적인 경쟁 때문에 자포자기해서는 안 된다.

회사에서 불공평함을 느꼈다면 다른 회사에 가서도 같은 문제로 어려움을 겪는다. 문제 해결은 언제나 문제 도피보다 더 효과적이다. 경쟁 상대가 자신을 비방했을 때 심리전에서 버텨낼 수 있는지, 단 한방의 공격에 힘없이 무너져 내리는 것은 아닌지 자신을 돌아보자.

타인의 질투가 자신에게 큰 지장을 주지 않는다면 침묵을 선택하는 것이 오히려 더 강력한 무기가 될 수 있다. 침묵을 유지하면 상대는 나의 속내를 알 수 없어 끝없는 압박에 시달리게 된다. 그러다 결국 맥이 빠져버려 공격할 의욕조차 생기지 않는다.

샤오레이라는 친구가 그랬다. 그녀는 젊은 나이에 광고 회사의 고객매니저가 되었고, 경쟁력 있는 몇몇 회사의 책임자와 좋은 관계를 유지하고 있었다. 무엇보다도 그녀는 사교술이 뛰어났다. 경쟁 상대를 막론하고 사람들 사이에서 능수능란하게 자신의 뛰어난 사교 능력을 발휘할 줄 알았다.

샤오레이는 입버릇처럼 경쟁을 두려워하지 말고 노력하라고 말한다.

"상대가 나를 난처하게 하면 괜한 힘겨루기에 시간과 능력을 소모하지 마세요. 그럴 때는 차분히 마음을 가라앉히고 하던 일을 계속하세요. 상대가 여전히 그 자리에서 화내고 있을 시간에 당신은 뛰어난 실적을 내야 합니다. 그러면 결국 상대는 지고 당신이 이기게 되죠."

악의의 경쟁에서 자신을 음해하는 사람을 만난다면 어떻게 해야 할까? 용감하게 반격해야 한다. 자신의 이익에 손해를 끼쳤다면 서면을 통해 반박하는 것도 좋은 방법이다. 이때 주의해야 할 점은 메일을 쓸 때 객관성을 유지해야 한다는 사실이다.

경쟁이 악의적인 수준에 도달했다면 나의 적수가 누구인지 만천하에 드러난다. 이때 가장 피해야 할 것이 상호 비난이다. 사건을 기술할 때 개인의 생각보다는 사실에 입각해 관계자에게 진상을 알려야 한다. 그래야 내 생각을 존중받을 수 있다.

적수가 있을 때 상대하지 못하면 겁쟁이다. 그리고 자신이 강자라는 사실을 이미 증명했다면 상대를 나의 위엄 앞에 굴복시켜야 한다.

한 친구의 경험을 예로 들어보자. 디자이너 친구에게는 자신과 비슷한 실력을 지닌 경쟁자가 한 명 있었다. 두 사람은 승진 과정에서 디자인 작품 경합을 벌였다. 자금 지원을 받기 위해 두 사람의 경쟁이 치열했고, 결국 최종 우승은 친구에게 돌아갔다. 승진도 물론 친구의 몫이 되었다.

그런데 사내 시상식에서 친구는 경쟁 상대였던 자신의 동료에게 감사를 표했다. 그는 상대가 최선을 다해 디자인 작업에 임해주었기에 자신도 그 기운을 받아 좋은 성과를 거둘 수 있었다고 밝혔다.

친구의 소감을 듣고 나서 사람들은 그에게 찬사를 보냈다. 친구는 참 절묘한 수를 썼다. 그는 꼭 필요한 순간에 자신의 힘을 최대치까지 뽑아내는 괴력을 발휘했다. 이런 힘은 상대방을 겁주고 누구도 자신을 무시하지 못하게 만들 뿐만 아니라 심지어 존경까지 얻어내는 마력이 있다. 위력을 발휘한 후에도 친구는 작은 배려의 말 한마디로 상대의 면을 세워주며 자신이 한 수 위라는 것을 다시 한 번 증명해 보였다. 그 작은 배려를 무시해서는 안 된다. 친구의 감사 인사는 자신의 맞수에게도 조금이나마 득이 되었다. 경쟁 상대에게 경외를 받는다면 본질적인 도약을 실현한 셈이다. 지금 그 친구는 순조롭게 어제의 적을 오늘의 좋은 조력자로 변모시켰다.

직장에는 암묵적 규칙이 존재한다. 그런데 직장 사회를 오래 관찰한 경험에 비추어볼 때 그리 흔히 존재하는 현상은 아니다. 기본적으로 대부분 회사는 실력을 기준으로 사람을 판단한다. 그런데도 왜 사람들은 암묵적 규칙을 믿고 싶어 할까? 그것은 자신의 경쟁자가 '실력으로 성공했다'는 사실을 받아들이기 싫기 때문이다. 남이 실력으로 성공했다는 것을 인정하면 뭐가 달라질까?

첫째, 자신이 무능해 보인다.

둘째, 자신이 성공하려면 그렇게 힘들게 노력하고 고생해야 한다는 사실을 깨닫는다.

사람의 뼛속 깊은 곳에는 나태함과 더불어 자신에게 유리한 것만 찾고 불리한 것을 회피하려는 본성이 숨어 있다. 그래서 암묵적 규칙을 구실 삼아 성공의 진정한 규칙을 흐리고자 한다. 여기서 하고자 하는 말은 현실을 직시하라는 것이다. 암묵적 규칙은 두렵지 않다. 실력이 모자란 자만이 암묵적 규칙을 두려워한다. 나와 동료가 하나의 일을 두고 경쟁할 때 나오는 결과물이 거의 비슷하다면 당연히 암묵적 규칙을 더 잘 아는 사람이 승리할 것이다.

당신의 실력이 상대보다 월등히 뛰어나다면 어떻게 될까? 암묵적 규칙 따위는 다 소용없다. 자신이 원하는 것을 얻을 수 없다면 이직도 괜찮은 선택이다. 얼마나 높이, 얼마나 멀리 갈 수 있는지는 오로지 실력에 달려 있다.

회사가 안정적으로 발전하고 있을 때 리더가 '감언이설'에 능한 수하들과 더 가까이 지내는 것은 인지상정이다. 하지만 회사가 필요로 할 때 당신의 실력을 보여준다면 리더는 절대 당신을 무시할 수 없다.

샤오빙이 내게 고민을 털어놓았다. 그녀는 3년간 인사과 어시스트로 일하면서 매일 가장 기본적인 서류 정리와 사내 출퇴근 기록, 정산 업무만을 처리했다. 3년 동안 업무 내용과 직위는 변함이 없었다. 그동안 동료들은 승진하거나 이직했지만 그녀는 늘 제자리걸음이었다. 샤오빙은 이 모든 게 자신의 자질구레한 업무 탓만 같았다.

그러던 어느 날, 신입사원 샤오린이 들어왔다. 샤오린은 샤오빙을 통해 기본 업무를 익혔다. 그런데 뜻밖에도 여섯 달 뒤 샤오린의 월급이 인상되었다. 샤오린이 상사에게 아첨하는 꼴을 보고 있자니

샤오빙의 속이 뒤틀렸다. 샤오빙은 '암묵적 규칙' 때문에 샤오린이 자기보다 잘나가는 것은 아니냐고 내게 물었다.

"절대 암묵적 규칙 때문이 아닙니다. 샤오린이 어떻게 당신을 따라잡았는지 한 달간 관찰해보고 다시 찾아오세요."

한 달 뒤 샤오빙이 이유를 알았다며 다시 나를 찾아왔다.

"샤오린은 일을 참 창의적으로 해요. 기존의 업무방식에 얽매이지 않고 업무 시간을 단축시키면서도 효율을 높일 수 있는 새로운 방식을 만들어냈어요. 상사가 그녀의 실력을 인정하는 게 당연해요."

샤오빙의 말을 들으면서 나는 그녀가 그간 꽤 성장했음을 알 수 있었다. 그녀는 발전과 경쟁을 고운 시선으로 바라보기 시작했다. 실력의 의미를 깨달았으니, 샤오빙은 올바른 마음가짐으로 직장에서 새롭게 발전해나갈 것이다.

인맥 디자인 TIP
실력을 키우고 싶다면 상대에게 보이지 않는 높은 문턱을 세워라. 그래야 싸우지 않고도 상대를 굴복시키는 경지에 도달할 수 있다.

감정관리도
처세다

좌절했을 때

남들 앞에서 못난 꼴 보이지 않기

오랜 관찰 끝에 발견한 사실이 있다. 사람들이 손해를 보는 이유는 똑똑하지 않거나 일의 본질을 파악하지 못해서가 아니라 감정을 통제하지 못하는 데 있다는 것이다. 회사는 집과는 다르기 때문에 직장 내 인맥은 이익을 기반으로 한다. 감정을 제대로 조절하면 인기를 얻을 수 있지만, 감정을 조절하지 못하면 인맥 형성에 큰 장애가 생겨버린다.

리루는 최근 저지른 어리석은 짓 때문에 직장생활의 위기를 맞았다. 다크서클이 턱까지 내려온 초췌한 몰골로 찾아온 리루를 보는 순간 나는 깜짝 놀랄 수밖에 없었다. 리루는 내 친구의 여동생으로 한 잡지사 광고팀에서 일했다. 번듯한 주방까지 갖춘 방 세 개짜리 고급

주택에 살 정도로 능력도 좋았다.

어느 날 상사가 리루에게 직원 하나를 맡기며 아직 어리니 참을 성 있게 가르쳐보라고 부탁했다. 갑자기 객식구가 집에 들어와 살게 되었지만 리루는 크게 신경 쓰지 않았다. 하지만 얼마 못 가 조금씩 맞지 않는 부분이 드러나기 시작했다.

신입 인턴은 자립심이 떨어지고 개성이 강한 데다 예의도 없었 다. 둘이 함께 살면서 지저분한 것까지는 그럭저럭 참을 수 있었지만 청소나 세탁 등 뒤치다꺼리까지 해야 하는 상황이 오자 속이 부글부 글 끓어올랐다.

한번은 업무를 배분하면서 신입 인턴에게 문서 작성을 시켰다. 그런데 다음 날 출근했을 때 신입 인턴은 깜빡하고 일을 하지 않았다 며 발뺌을 했다. 리루는 그 일을 계기로 참았던 화가 터져버렸다. 두 사람이 다투고 있을 때 상사가 들어왔고 뜻밖의 일이 벌어졌다.

"뭐하는 겁니까? 신입이 잘못을 했으면 말로 잘 타일러야지, 이 렇게 윽박질러서 어쩌자는 겁니까?"

그 말에 울화가 치밀었지만 리루는 아무 말도 할 수 없었다. 신입 인턴이 나가자 동료들이 몰려와 리루를 위로했다. 그 순간 마음이 약 해진 리루는 금세 후회하게 될 말을 하고 말았다.

"상사 친인척이면 다야? 내가 그 애 보모는 아니잖아!"

이 말을 듣고 난 후 동료들은 별다른 대꾸 없이 그녀의 등을 토닥 이고 각자의 자리로 돌아갔다. 그 후 신입 인턴을 대하는 동료들의 태도가 눈에 띄게 달라졌다. 그녀는 점점 특권을 누렸고 다들 그녀의 잘못에 한없이 너그러웠다. 반면 리루는 점점 소외되었다.

이야기를 듣고 난 후 나는 시간을 되돌릴 수 있다면 어떻게 하고 싶은지 리루에게 물었다.

"동료들에게 신입이 상사 친인척이라는 사실을 절대 말하지 않겠어요."

"그것만으로는 부족해요. 우선 비밀을 지키는 것이 리루 씨에게 유리해요. 그래야 그 사실이 알려진 후에 다들 당신이 참 마음이 넓고 괜찮은 사람이라고 여기게 되죠. 둘째, 사람들이 물으면 아무것도 모르는 척하세요. 셋째, 신입에게 상사와 부딪히는 일을 시키고 그녀를 당신에게 유리한 히든카드로 삼으세요. 예를 들어 점심시간을 늘리고 싶을 때 그 일을 신입에게 보고하도록 하세요. 넷째, 화를 참고 신입이 다른 사람을 화나게 만드세요. 신입이 철없는 행동을 하면 주변 사람들도 그것을 느낄 테고, 그럼 신입도 계속 그러지 못하겠죠. 다섯째, 상사에게 핀잔을 들었을 때 사람들이 왜 그러느냐고 물으면 절대 말하지 마세요. 입단속을 잘해야만 감정을 제어할 수 있어요."

내가 말한 다섯 가지 사항은 리루가 감정만 잘 조절한다면 충분히 실천할 수 있는 일들이다.

상사에게 화가 난다고 해서 공개적인 장소에서 동료들에게 불만을 하소연해선 안 된다. 그랬다가 자칫 상사뿐만 아니라 동료들한테도 반감을 살 수 있다. 좌절에 빠졌을 때 자신을 반성하고 잘못을 시정하는 것이 최선이다.

직장생활은 장거리 달리기와 같아서 안정된 심리 상태를 유지하는 것이 무엇보다 중요하다. 정서가 불안정하면 남들도 갈피를 잡지 못해 불안해한다. 그러나 그것을 단지 정서의 문제로만 국한시킬 수 있을까? 사실 그렇지 않다. 노심초사, 전전긍긍하는 사람은 장기적 목표가 없기 때문에 갑자기 닥친 사소한 일조차 감당하지 못하고 걱정부터 앞세운다.

왜 회사에서 늘 기분이 좋지 않고 동료와 관계가 순탄치 않을까? 오늘은 한 동료가 자신을 노려봐서 기분이 상하고, 내일은 한 동료가 울어서 나까지 기분이 다운될 수 있다.

이런 문제들은 모두 일에 대한 장기적 목표가 없기 때문에 생긴다. 장기적 목표의 부재는 눈앞의 사소한 일이 목표가 되어버리는 결과를 낳는다. 반면, 장기적 목표가 있다면 눈앞의 사소한 일 때문에 쉽게 동요하지 않는다. 목표가 없는 사람은 하루하루가 막막하고, 힘들게 일하고도 실적을 내지 못한다.

대학생 샤오천은 한 회사에서 1년을 일했지만 이듬해 재계약을 거절당했다. 샤오천은 성격도 무난하고 착실한 데다 동료관계도 나쁘지 않았다. 하지만 월말 업무성과 평가 때마다 하위권을 맴돌았다. 회사에서는 몇 번이고 그를 자르려 했지만 근면 성실하게 일하는 모습을 보며 차마 그러지를 못했다. 회사를 그만두기 전 마지막 면담에서 상사가 그에게 물었다.

"매일 바쁘게 하루를 지내기 쉽지 않았을 텐데 지금 하는 일에 만족하나?"

"매일 아침에 일어나 식사도 못 하고 급히 회사에 출근했어요. 저녁에 동료들은 칼퇴근해서 집에 가지만 저는 그런 적이 없죠. 보통 회사에서 늦게까지 야근했습니다. 좀 힘들긴 해도 회사를 위해 내가 무언가를 할 수 있다는 사실만으로도 뿌듯했어요."

"자네가 회사를 위해 무엇을 했다고 생각하지?"

"그건······."

샤오천은 순간 당황했다.

회사에서 인정이 업무 실적을 대신할 순 없다. 자신의 목표가 있어야 타인으로부터 진정한 존중을 받을 수 있다. 목표는 샤오천과 같은 상황의 발생을 막아준다. 목표를 제대로 정하고 정기적으로 일의 진도를 점검한다면 자연스럽게 일 자체보다는 그 성과에 초점을 맞추게 된다. 목표와 비전이 없으면 의미 없는 업무로 하루를 채우게 되고, 당연히 업무에 대한 열정도 떨어진다. 이런 사람의 미래가 밝을 거라고 아무도 기대하지 않는다.

찬물을 끼얹을수록
열기는 뜨거워진다

에피소드로 이야기를 시작해보자. 엄마가 주방에서 설거지를 하다가 아이가 뒤뜰에서 뛰어노는 소리를 듣고 외쳤다.

"너 뭐하니?"

아이는 천진난만하게 답했다.

"달나라까지 뛰어오르려고요."

우리가 만약 엄마라면 뭐라고 답했을까? "말도 안 되는 소리 하지 마"라고 하지 않았을까? 그러나 이 엄마는 아이의 상상력에 찬물을 끼얹지 않았다.

"그렇구나. 꼭 갔다가 돌아오렴."

훗날 이 아이는 달에 첫발을 내디딘 역사적인 인물이 되었다. 그가 바로 닐 암스트롱이다.

나는 이 이야기를 줄곧 마음속에 간직하고 살아왔다. 인간관계에서도 마찬가지다. 아무도 자신의 말에 찬물을 끼얹는 사람과 함께하기를 원하지 않는다. 이 점만 명심하면 인간관계가 한층 수월해진다.

회사에서 동료나 상사가 찬물을 끼얹는다면 어떻게 대처해야 할까? 알다시피 상사의 신임, 동료의 지지, 부하의 협력은 하나의 자원이다. 만약 그런 상황에서 논리적으로 논쟁해 자원을 강탈하고 남에게 강요해봤자 아무 소용이 없다. 최선책은 그들의 불신을 이용해 더 큰 신뢰를 쌓는 것이다. 그렇게 얻은 신뢰일수록 더욱 단단해 쉽게 무너지지 않는다.

자신만만하게 기획안을 들고 가서 상사에게 열정적으로 소개했는데 무반응이다. 이때 어떻게 해야 할까? 포기해야 할까? 아니다. 원인을 찾고 방법을 강구해야 한다. 실망한 표정을 얼굴에 드러내고, 온종일 먹구름이 잔뜩 낀 모습으로 지내는 것은 좋지 않다. 동료도 그런 나를 보며 불편해하고 고객도 불쾌해할 수 있다. 그런 기분으로 집에 돌아가면 가족도 조심스럽게 눈치를 보며 피할 수밖에 없다.

그럼 어떻게 해야 할까? 우선 자신을 그런 감정 안에 가두지 말아야 한다. 기획안이 거절당했다면 무엇이 문제인지 분석하고, 발로 뛰어다니며 상사에게 확신을 줄 데이터를 제시해보자. 한두 번 거절당했다고 실망할 필요도 없다. 그 과정에서 서로에 대한 신뢰가 쌓이고, 일에 대한 열정과 노력을 느끼게 할 수 있기 때문이다.

누가 찬물을 끼얹었다고 슬퍼하지 말라. 우리도 석회처럼 남들이 찬물을 끼얹을수록 열기가 뜨거워지자. 우리 마음과 열정이 남들에게도 전해질 것이다.

사소한 불이익에
화내지 말자

얼마 전 지인에게 들은 이야기다. 그녀가 다니는 회사에 '능력자'라고 불리는 기대주가 있었는데 다른 회사에서 그를 스카우트하려고 아무리 매달려도 소용이 없었다고 한다. 그 이유는 의외로 단순했다. 상사와의 사이가 너무 좋아서였다.

그녀가 왜 그 상사와 일하느냐고 묻자 능력자는 이렇게 말했다.

"제게 간이라도 빼줄 수 있는 분이거든요."

직장에서 이런 사람을 만날 기회는 결코 흔하지 않다. '능력자'가 이직하지 않은 이유도 여기에 있었다.

잘 알려진 이야기가 하나 있다. 사과나무를 심은 첫해에 사과 열 개가 열렸다. 그런데 그중 아홉 개를 주인이 따가고 나머지 하나만이 자신 몫으로 남았다. 사과나무는 너무 화가 났다.

이듬해 그 사과나무에 사과 다섯 개가 열렸다. 이번에는 그중 네 개를 빼앗기고 자신이 하나를 가졌다.

"하하, 작년에 내 몫으로 10퍼센트를 얻었는데 올해는 20퍼센트를 얻었네? 두 배가 됐어!"

그제야 사과나무는 평온을 되찾았고, 이듬해에는 수확량이 몇 배로 늘어났다.

이제 사과 100개를 맺으면 90개를 주인에게 주고 자기 몫으로 10개를 얻을 수 있을 것이다. 어쩌면 99개를 빼앗기고 자기 몫으로 한 개만 가졌을지도 모르지만 그래도 괜찮다. 계속 성장하여 3년 뒤 사과 천 개를 맺고……

사실, 핵심은 과실을 몇 개 얻느냐가 아니다. 사과나무가 계속 성장한다는 사실이 무엇보다 중요하다. 사과나무가 아름드리나무로 자라나면 한때 자신의 성장을 저해했던 힘 따위는 전혀 중요하지 않다. 그러니 성과에 신경 쓰지 말자. 제일 중요한 것은 성장이다.

회사에서도 개인 능력의 발전이 가장 중요하다. 회사에서 명예사원을 평가할 때 내게 충분한 자격이 있음에도 상사는 다른 동료에게 그 자격을 주었다. 이런 상황이 닥치면 자신의 감정을 제어하고 그 일을 마음에 담아둬선 안 된다. 최소한 담당하고 있는 업무에 지장을 주는 일만큼은 없어야 한다.

지나치게 자신의 이익만 챙겨 동료와의 사이가 좋지 않은 사람이 있다. 절대 손해 보지 않으려는 이기심 때문에 동료들에게 반감을 사고 존중도 받지 못한다. 그런 사람들은 항상 의식적이든 무의식적이든 동료에게 상처를 주다 결국 고립된다.

'이익'이 꼭 이로운 것만은 아니다. 오히려 바짝 긴장하게 만들어 좋은 인간관계에 걸림돌이 될 수 있다. 그러면 얻는 것보다 잃는 게 더 많아진다. 그러니 차라리 장려금이든 영광이든 남들과 나누는 편이 낫다. 기꺼이 나눌 줄 아는 처세술은 사람들에게 호감을 주고 인간적 매력을 더해줘 결국 더 많은 '보답'을 선사한다.

인맥 디자인 TIP

인맥은 바둑을 두듯 멀리까지 내다봐야 한다. 매번 지면 바둑을 두고 싶은 마음이 싹 사라지게 되고, 늘 이기면 아무도 바둑을 함께 두려고 하지 않는다. 지기도 하고 이기기도 하면서 적절히 어울려야 오래가는 법이다.

사장을 선택할 수 없다면
마음가짐을 바꾸자

구두쇠 사장님?

절약하고 낭비를 줄여라

자기 사장이 인색하다는 불평의 소리를 들을 때면 그 마음이 공감된다. 물론 사장의 심정 역시 이해 못 하는 바는 아니다. 나 역시 매일 계산기로 비용을 계산하는 사장이 되지 않는다고 누가 장담할 수 있겠는가?

기업 경영자가 많은 비용을 절감했다면 그것은 자기관리와 경영 수준이 뛰어나다는 것을 의미한다. 직원 입장에서 사장은 개인 사업으로 발전한 귀재다. 만약 사장이 인색한 사람이라면 어떻게 이 귀재를 사로잡을 수 있을까?

우선 두 가지로 나눠 생각해야 한다. 만약 판매 관련 업무를 한다면 많은 돈을 벌어다주는 것이 곧 사장의 돈을 절약해주는 셈이다.

행정사무직 일을 한다면 절약하는 것이 곧 사장의 돈을 벌어주는 길이다.

예전에 회사의 비용 절약에 대해 상세하게 기술한 자료를 본 적이 있다. 그 매뉴얼대로라면 사소하게는 손님을 접대할 때 내놓는 물 한 잔까지도 절약할 수 있다. 대부분의 손님이 그 물을 다 마시지 않거나 아예 입조차 대지 않는 경우가 많기 때문이다. 손님에게 물을 제공하는 것은 형식적인 예의일 뿐이다. 이런 점을 감안해서 컵에 물을 반만 따라 내놓고, 손님이 다 마시면 다시 따라주는 것도 좋은 방법이다.

회사에서 양면지를 사용해도 자원 낭비를 줄일 수 있다. 많은 대기업이 이 방법을 쓰고 있다. 사소한 일이라고 우습게 봐서는 안 된다. 직원이 1천 명일 때 직원 한 명이 하루에 한 장을 써도 1년 365일이면 36만 5천 장이다. 그러니 10년간 절약을 실천하면 큰 지출을 줄일 수 있다.

사장이 유난히 경비에 신경 쓰는 타입이라면 사장이 한 가지 일을 시켰을 때 일을 완수하는 동시에 절약까지 실천하는 것이 일 잘하는 비결이다. 절약을 염두에 둔 사장이라면 자연히 직원의 절약 실천에 주목한다. 사장이 일을 시켰을 때 급한 일이라면 일단 택시를 타고 가서 일을 처리하고, 돌아올 때는 가능한 한 대중교통을 이용해보자. 이런 자연스러운 행동이 사장의 주목을 끌 것이다.

사장이면 누구나 직원들이 매일 어떻게 일하고 있는지 궁금해한다. 어쩌면 당연한 이치다. 사장은 돈을 주고 직원을 고용한 고용주이기 때문에 직원들에 대한 기대치가 있을 수밖에 없다. 사장의 이런 심리를 대변해주는 직책이 바로 중간관리자다. 사실, 중간관리자는 전략 결정에서 큰 역할을 하지 않는다. 업무 성과를 사장에게 보고하는 것이 그 직책을 만든 목적이기 때문이다.

훌륭한 직원은 사장의 마음을 만족시킬 줄 안다. 사장이 분명히 밝히지 않은 요구 사항까지도 근무일지에 기록해두자. 어느 날 사장이 갑자기 업무 시찰을 나온다면 당신의 근무일지가 큰 빛을 발할 것이다.

프로젝트를 맡았다면 수시로 사장에게 현재 진행 상황을 보고하자. 이로써 사장을 안심시키고 신임까지 얻을 수 있다. 사실, 아이디어와 의견, 기획안, 그리고 난관에 부딪혔을 때 떠올렸던 모든 생각이 순조롭게 실행되기를 원한다면 반드시 사장의 지지가 필요하다. 그렇지 않으면 진행 자체가 힘들고 노력에 비해 성과가 없거나 중단될 수 있다. 그래서 더더욱 업무보고를 통해 사장에게 자신이 업무를 위해 얼마나 노력했는지 알려야 한다.

세심하게 보고하는 직원과 사장에게 보고하기 싫어하는 직원이 있다고 가정해보자. 프로젝트가 좋은 결과를 냈을 때 사장은 세심하게 보고했던 직원을 더 칭찬한다. 그 과정을 지켜보았기 때문이다.

그러니 보고를 소홀히 한 직원은 남에게 공을 빼앗기기 쉽다. 반대로 프로젝트 결과가 나쁠 때도 사장은 그동안 상세하게 보고서를 올렸던 직원을 더 너그럽게 용서한다. 그 이유는 말하지 않아도 알 것이다.

보고할 때도 합리적인 방식이 필요하다. 직장 내 인간관계에는 단계가 있다. 함부로 직급을 건너뛰어 보고하는 일은 통용되지 않는다. 직속 상사가 아닌 사장에게 직접 보고하거나 의견을 구한다면 사장은 그 직원에게 다른 꿍꿍이가 있다고 여길지 모른다. 어쩌면 귀한 시간을 빼앗은 직원이 자신을 '물'로 보는 것은 아닌지 의심할 수도 있다. 게다가 직속 상사가 그 사실을 알게 되면 곁에 '시한폭탄'을 두고 있는 것과 마찬가지다.

또 주의해야 할 사항이 있다. 직속 상사와 함께 사장에게 보고를 할 때는 절대 나서지 말아야 한다. 직속 상사가 주도적으로 보고를 하면 그 곁에서 최소한의 보충만 하면 된다. 직속 상사와 상의한 내용대로 보고하고, 그와 의견이 달라도 함부로 반대의 뜻을 내비쳐서는 안 된다.

대부분의 경우 직속 상사가 최종 지시자 혹은 보고 대상이 되어야 한다. 고위층과 교류하는 기쁨을 만끽하기 위해 너무 높이 기어오르지 말라. 그 순간의 기쁨은 경망스럽고 주제 넘는다는 인상을 남기기 십상이다.

인정머리 없는 사장 때문에 답답해하는 직장인이 의외로 많다. 이런 타입의 사장을 표현할 때 '무정'이라는 단어로는 부족하고 '매정'이라는 말이 더 적합할 것이다. 직원들이 사장을 위해 많은 일을 했는데도 사장은 직원들 노고에 전혀 고마워하지 않는다. 자신이 월급을 주기 때문에 그저 정상적 교환이라고 여길 뿐이다.

종잇장 뒤집듯 태도를 바꿔 직원들을 난감하게 만드는 사장도 있다. 사장은 갑자기 화를 내는 것도 모자라 직원들의 사과에 전혀 귀를 기울이지 않는다. 지난날 자신이 이룬 성과를 아무리 들먹여도 180도 변한 사장의 마음을 되돌리기에 역부족이다.

왜 대부분의 사장이 이럴까? 사장인 한 친구가 이런 말을 했다.

"적당히 무자비하게 굴어야 자신에게 도움이 돼. 인정에 휩쓸리지 않으니 불필요한 일을 많이 생략할 수 있고 우유부단하게 망설일 필요가 없어지거든."

사장 자리에 앉으면 언제나 독단적인 결정을 해야 할 때가 많다. 사장의 자리는 감성적 인식이 아니라 원칙이 필요하다. 이런 점을 감안할 때, 사장이라면 어느 정도 매정함도 갖추어야 한다.

친구는 자신의 직원 한 명을 언급하며 요즘 젊은 여성들은 어쩌면 그렇게 영악한지 모르겠다고 혀를 찼다. 그 여직원이 일본에 출장을 갔을 때 자신에게 국제전화를 걸어 먹고 싶은 것이 없는지 물어봤다고 한다. 친구가 아무것도 필요 없다고 했는데도 여직원은 고심 끝에 다른 선물을 사 가지고 왔다.

"우리는 사회 초년에 그런 처세술을 몰라 애먹었잖아. 그런데 요즘 젊은 사람들은 어쩜 그렇게 처세에 능수능란한지 모르겠어. 좀 징그럽다는 생각도 들어."

친구는 이렇게 한탄하며 불편한 심경을 드러냈다. 그가 원하던 사장과 직원 간의 관계는 순수한 비즈니스적 관계였다. 이런 부류의 사장은 매정해 보여서 쉽게 다가가기 힘들지만 일적인 면으로는 배울 점이 많다.

현대사회에서 원칙이 없고 인정만 넘치는 사장은 비즈니스의 사회에서 발붙이기 힘들다. 매정한 사장은 오직 이익 창출을 목적으로 삼기 때문에 회사를 안정적으로 발전시킬 수 있고 경영에도 능하다. 이런 사장을 따라야 장기적 이익을 얻을 수 있다.

무능한 사장님?
나를 알리는 최고의 기회

유능한 사장을 만나면 게을러지고, 무능한 사장을 만나면 성공의 특급열차를 탈 수 있다.

샤오페이는 사장이 무능하다고 했다. 사장이 종종 샤오페이를 불러 전문 분야에 대해 궁금한 점을 물어봤기 때문이다. 나는 냉정하게 말꼬리를 잘랐다.

"시간 있으면 당신 월급과 사장 월급이 얼마나 차이 나는지 계산 해보세요."

샤오페이는 내 말을 듣고 자극을 받았는지 별말이 없었다. 사실, 나는 사람을 평가할 때 '무능'이나 '인색' 같은 단어를 쓰는 걸 별로 좋아하지 않는다. 그런데 샤오페이는 자기 사장을 '바보'에 가깝다는 듯이 표현했다. 그것이 얼마나 무지한 생각인지 논증할 필요는 없지만 개인에게 막대한 손해를 끼치는 것만은 확실하다.

사람들은 사회에서 성공한 인사를 직접 만나 가르침을 받고 싶어 한다. 하지만 그런 사람을 멀리서만 찾을 필요는 없다. 직장인이라면 자신의 사장이 바로 그런 대상이 될 수 있다. 사장은 직원들이 억울해도 계속 참고 일하도록 만드는 능력이 있다. 그런데도 무능하다고 할 수 있을까? 사장에게는 분명 뭔가 남다른 장점이 있다. 그런 것이 눈 씻고 찾아봐도 없다면 그 사장의 곁을 떠나도 좋다.

어떤 사람이 길을 가다 애완동물 가게에서 앵무새 한 마리를 보게 되었다. 새장 앞 표지판을 보니 '영어와 중국어 가능. 판매가 200 홍콩달러!'라고 적혀 있었다. 그 옆에 있는 앵무새의 새장에는 '영어, 중국어, 홍콩어 가능. 판매가는 400홍콩달러!'라는 표지판이 놓여 있었다.

앵무새 두 마리 다 깃털에 윤기가 흐르고 오색찬란한 게 무척 귀여웠다. 그는 새를 사고 싶었지만 어느 것을 살지 정하지 못한 채 가게만 이리저리 맴돌았다. 그러다 문득 가게 한 모퉁이에서 깃털이 헝클어진 늙은 앵무새 한 마리를 발견했다. 그 앵무새 가격은 무려 800 홍콩달러였다. 그는 주인에게 물었다.

"이 앵무새에게 뭔가 특별한 점이 있나요? 설마 여덟 가지 언어를 하는 건 아니죠?"

"말을 전혀 못 합니다."

손님은 이상하다는 생각이 들었다.

"그럼 가격이 잘못됐네요. 혹시 가격표를 잘못 붙이신 건가요?"

"아뇨! 가격은 맞아요. 다른 앵무새 두 마리가 이 앵무새를 '사장님'이라고 부르거든요."

직장에서 사장이 무능하다고 원망하는 사람치고 좋은 결과를 얻는 사람을 못 봤다. 아무리 실력이 뛰어나도 절이 싫으면 중이 떠나야 하는 게 세상 이치다.

사장 역시 다방면으로 뛰어날 수 없다. 그가 어느 방면으로 부족한 점이 있다면 그를 도와 나의 능력을 발휘하면 된다. 그게 바로 최고의 기회가 될 것이다.

인맥 디자인 TIP
사장이 어느 방면에서 당신보다 못하다고 자만할 것 없다. 사장이 내 재능을 필요로 하지 않는 순간이 언제 찾아올지 모른다.

오랜 공을 들여
충성고객 만들기

명함을 건네

나를 알리자

업무 때문에 하루에도 수많은 사람을 만나게 되는데, 그중 몇 명이나 기억할 수 있을까? 남들에게 기억되길 바란다면 가장 좋은 수단이 바로 명함이다. 내 친구들은 직함이 여러 개라 명함 또한 여러 장이다. 이 친구들처럼 상대에 따라 다른 명함을 내놓으면 좋은 효과를 볼 수 있다.

명함을 건넬 때도 원칙이 있다. 먼저 상대방을 정면으로 응시하고 두 손으로 건네야 한다. 그리고 상대방 눈을 바라보고 미소를 지으며 "제 명함입니다. 잘 부탁합니다" 같은 인사말도 곁들여야 한다.

그 밖에 주의해야 할 사항이 있다. 명함은 직위 순 혹은 가까운 곳에서 먼 곳으로 건네야 하고, 중간에 별로 중요하지 않은 사람이 있더라도 건너뛰어서는 안 된다. 물론 명함을 건네는 타이밍도 중요하다. 너무 서둘러 명함을 건네는 것은 좋지 않다. 그러면 상대를 불편하게 할 수 있다. 식사할 때 명함을 건네는 것도 피하자. 식사자리마저 업무의 연장으로 삼으면 상대가 피곤해할 수 있다.

여기서 팁을 하나 알려주자면 명함을 건네면서 강한 인상을 남길 만한 이야기를 곁들이는 것이다. 무슨 이야기를 할까? 명함을 건네는 순간은 아주 짧은 찰나지만 그 몇 초의 시간을 잘 이용해야 한다. 긴 연설보다는 자기 이름과 관련된 이야기를 하면 좋다.

"안녕하세요, 제 명함입니다. 천스(陳軾)라는 이름은 제 할아버지께서 지어주셨어요. 할아버지는 송대 시인 소식(蘇軾)을 좋아하시거든요. '식(軾)'의 한자 뜻은 원래 '수레 앞턱 가로나무'를 의미합니다. 수레바퀴, 바큇살, 덮개 등은 수레를 움직이기 위해 없어서는 안 될 것들이고 각자 하는 일이 뚜렷하지만 '식'은 하는 일이 두드려져 보이지 않죠. 하지만 '식'이 없으면 완전한 수레가 될 수 없습니다. 소식의 아버지는 아들이 꼭 필요한 인재가 되기를 바라며 이런 이름을 지어주었고, 소식은 그 바람대로 몇백 년에 한 명 나올까 말까 한 인재가 되었죠. 제 할아버지도 손자가 그런 인재가 되길 바라며 이런 이름을 지어주셨답니다."

이름에 스토리를 접목시켜 소개하면 나를 훨씬 쉽게 각인시킬 수 있다. 또 이런 소개와 함께 이름과 관련된 이야기를 하면 남들이 절대 그 말을 끊지 않는다는 장점이 있다. 그리고 고객이 관련 업무가 생겼을 때 나를 떠올리는 단초가 된다.

아닌 것은
아니라고 말하자

고객을 방문할 때 고객을 선별해 만나는 것이 가능할까? 대부분의 사람이 성공에 급급한 나머지 성공 인사와 인맥을 맺으려고 안달한다. 그 과정에서 고객 선별은 뒷전이 될 수밖에 없다.

자신에게 뭐가 가장 필요하고 적합한지 아는 것만큼 좋은 게 없다. 고객이 부유하고 능력 있더라도 나의 '먹잇감'이 아니라면 포기할 줄도 알아야 한다. 어떤 고객은 협력 상대 선택에서 미성숙한 태도를 보이는데, 이는 자신이 어떤 사람을 원하는지 모르기 때문이다.

'브랜드' 문제에 대해 존경하는 스승님께 자문을 청한 적이 있었다. 스승님의 관점은 참 재미있었다. 그분은 어떤 브랜드든 가치 있는 고객을 찾아내는 것이 제일 중요하다고 보았다. 당시 나는 가치 있는 고객이 무슨 뜻인지 제대로 이해하지 못했다.

스승님은 가치 있는 고객이란 가격 때문에 브랜드를 버리지 않는 사람들이라고 했다. 다시 말해 가치 있는 고객은 가격이 내렸을 때도 올랐을 때도 나를 믿고 물건을 사는 사람들이다. 그 말씀의 깊은 뜻을 오랜 경험을 통해 점차 체감할 수 있었다.

나는 고객을 제대로 응대하지 못하는 친구들에게 걱정하지 말라고, 모든 사람이 너의 고객이 될 수는 없다고 상기시켜준다. 사람의 능력은 유한하다. 일정 시간 안에 서비스할 고객수는 제한되어 있다. 자신의 고객이 아닌 사람까지 자기가 품고자 하면 진짜 가치 있는 고객이 밀려날 수 있다. 세상에는 사람도 많고 정보도 넘쳐난다. 그래서 더더욱 어떤 부류의 사람이 나에게 적합한지 정확히 판단해야 한다. 목표 대상을 찾지 못하면 활을 겨냥할 수 없다.

내 고객이 될 수 없는 사람이 찾아왔을 때 어떻게 해야 할까? 제대로 판단력을 갖췄다면 "죄송합니다. 이건 손님께 어울리지 않습니다. 그 이유는……"이라고 용감하게 말해야 하지 않을까? 그러면 그것이 또 다른 기회가 되어 그 고객이 진짜 고객을 나에게 소개시켜 줄지도 모를 일이다.

손님의 분노는
당신을 겨냥한 게 아니다

정말 내 책임이 아닌데도 고객이 찾아와 화를 낸다면 어떻게 해야 할까? 대부분은 감정을 억누르려 하지만 결국 참지 못하고 고객과 맞서고 만다. 고객이 나를 향해 화를 내는 것도 불쾌하고, 그 때문에 체면이 구겨졌다고 생각하기 때문이다.

누군가 악의 없는 분풀이를 해올 때 가장 먼저 취해야 할 행동은 지적당한 행위와 자신의 인격을 분리하는 것이다. 그는 상품에 불만이 있거나 억울한 일을 당한 후 딱히 화풀이할 곳이 없어서 나를 찾아온 것에 불과하다. 그러니 평정심을 유지하고 자신이 할 일만 생각해야 한다. 일단 고객의 사정을 다 들어주고 원만하게 문제를 해결하기 위해 애쓰는 인상을 심어줘야 한다. 고객이 기분이 상해 시비를 걸거나 질책하려 할 때 이런 식의 말만은 피해야 한다.

"우선 진정하시고 제 말부터 들어보세요."

분노한 상태에서 그런 말이 귀에 들어올 리 없고, 화를 더 자극할 뿐이다.

"이봐! 당신이라면 진정할 수 있겠어?"

이럴 때는 우선 기분을 맞춰준 뒤 감정을 다스리는 것이 좋다. 사회에서 개인 감정의 승패는 실질적 의미가 없다. 쌍방의 이익이 모두 실현되는 윈윈의 상황을 만드는 것이 더 중요하다.

고객이 나를 통해 구매한 상품이 사용한 지 사흘도 되지 않아 망가졌다고 하면 이렇게 말해보자.

"고객님, 죄송합니다. 그 기분 충분히 이해합니다. 저라도 화가 났을 것 같습니다. 우선 구체적인 상황을 설명해주십시오."

자신의 기분을 이해받았다면 고객도 서서히 이성을 되찾아간다. 그리고 문제가 해결되고 나면 악수 같은 상징적인 제스처를 취해보자. 예상 밖의 진정효과를 가져올 수 있다. 행동으로 사과를 표시하면 담판 과정에서 비용을 최소화하고 보답은 최대화할 수 있다.

꽉 붙잡기!
서비스하고 또 서비스하자

고객을 꽉 붙잡고 싶다면 고객과 약속한 일만 해서는 안 된다. 충성도가 떨어지는 고객에게 매달리기보다 열성팬을 기르는 일에 더 치중하는 편이 낫다.

열성팬들은 성공의 또 다른 기회가 된다. 수중에 얼마의 고객을 확보했느냐는 중요하지 않다. 그중에 열성팬이 몇이나 되고, 그들이 나를 지지해주는 시간이 얼마나 긴지를 살펴야 한다. 팬들의 지지하는 시간이 길수록 그들은 내 곁을 쉽게 떠나지 못한다. 게다가 열성팬들은 사회에서 나를 적극 추천하고 홍보해주는 얻기 힘든 공짜자원이다. 그래서 이런 열성팬을 붙잡기 위해 서비스하고 또 서비스해야 한다.

열심히 일하는 소년이 있었다. 소년은 어느 별장에서 잔디 깎는 일을 하게 되었다. 소년이 성실하게 일하는 모습을 보며 별장 주인은 매우 흡족해했다.

어느 날 별장 주인이 전화 한 통을 받았다.

"안녕하세요, 잔디 깎는 사람이 필요하지 않으신가요?"

"필요 없습니다."

"벌써 잔디 깎는 사람을 고용하셨군요. 저는 더 나은 전문가를 보내드릴 수 있습니다."

"지금 일하는 사람으로 만족합니다. 필요 없어요."

"가격을 대폭 할인해드리겠습니다."

"됐어요. 저희는 아직 필요 없습니다. 지금 잔디 깎는 소년도 아주 잘하고 있거든요. 그 아이를 계속 쓰겠어요."

그런데 놀랍게도 전화를 건 사람은 다름 아닌 그 집에서 잔디를 깎는 소년이었다.

"이 집 주인이 내가 일하는 게 아주 마음이 들었나 보네. 내가 그동안 제대로 일을 했어."

소년은 이 전화 한 통으로 고객의 만족도를 평가하는 동시에 자신에 대한 충성도도 높였다.

고객 응대도 마찬가지다. 계약을 맺자마자 고객을 바로 잊는다면 그것만큼 비이성적인 일이 없다. 고객에게 책 한 권을 팔더라도 사용 후기에 주목해야 한다. 문제가 있다고 해서 꼭 해결해줄 필요까지는 없다. 관심을 갖는 것만으로도 고객은 믿음과 호감을 갖게 된다.

인맥 디자인 TIP
고객과 계약한 뒤에 계속 고객에게 뜻밖의 기쁨을 선사하라. 그러면 당신에 대한 충성도를 높일 수 있다.

동료를 전우로 만들고
서로 윈윈하자

WIN-WIN

사적인 영역을
침범하지 말자

  사람들은 타인이 자신에게 너무 가까이 다가오면 싫어한다. 만원 버스에 탔을 때 사람들은 어쩔 수 없이 거리를 좁혀야 한다. 그때 사람들은 어떻게 거리를 두려고 할까? 고개를 돌리거나 호흡을 조절하는 식으로 타인과의 거리를 유지하려 한다.

  회사에서도 마찬가지다. 사무실처럼 협소한 공간에서도 상호 간에 일정한 안전거리가 필요하다. 물리적인 관점에서 볼 때 함부로 동료의 자리에 앉는 것은 좋지 않다. 동료와 대화할 때도 공적인 일이라면 너무 가까이 다가가지 말아야 한다.

  지인이 사무실의 한 여직원에 대해 예의가 없다고 내게 하소연한 적이 있었다. 들어보니 별로 대수롭지 않은 일이었다. 그 친구는 여직원이 자기 자리에 앉아 있는 모습을 보고 상당히 불쾌감을 느꼈다고 했다. 그녀가 대화창이 열린 컴퓨터 화면을 보며 자신이 방금 연락했던 고객의 명함을 만지작거리고 있었기 때문이다. 잃어버린 물건은 없었지만 그녀가 자신에게 악감정을 가지고 있는 것은 아닌지 강한 의심마저 들었다고 한다. 물론 자신의 자원을 제대로 관리하지 못한 친구의 잘못도 크다. 하지만 그 여직원도 안전한 물리적 거리를 유지해야만 했다.

직장에서 좋은 인간관계를 유지하기 위해서는 거리에 주의해야한다. 물리적 거리뿐만 아니라 심리적 거리도 잘 조절해야 한다. 사람마다 프라이버시가 있다. 직장인은 하루에 최소 여덟 시간을 사무실에서 보낸다. 심지어 집보다 더 오래 머물 때도 있다. 그럴수록 입조심을 해야 한다. 사적인 이야기를 해야 할 경우에는 대화 상대를 잘 파악하고 수위를 조절해야 한다. 무조건 진심을 털어놓는다고 동료와의 사이가 좋아지는 것은 아니다. 속마음을 솔직히 다 털어놓아도 상대가 수긍하지 못하면 아무 소용이 없다. 사람마다 가치관이 다르기 때문이다.

대부분의 동료는 개인의 애정 문제나 사생활보다 상사와 무슨 얘기를 나눴는지를 더 궁금해한다. 물론 타인의 사생활에 관심을 보이는 사람들도 더러 있다. 그런데 이런 경우가 더 위험하다. 상대방의 궁금증이 단순한 호기심인지 아니면 다른 의도가 숨어 있는지 판단하기 어렵기 때문이다. 설사 악의가 없더라도 안심해서는 안 된다. 그가 상사에게 아무 생각 없이 내 이야기를 하는 상황이 벌어지는 것을 조심해야 한다. 요즘 내 기분이 별로라는 말이 상사 귀에 들어가면 자칫 업무 태만이라는 판단으로 연결될 수 있다.

일에서 쌓인 스트레스를 풀고 싶다면 동료가 심리 상담사가 아니라는 점을 명심해야 한다. 웬만한 일은 마음속에 간직해뒀다가 동료가 아닌 친구들과 나누도록 하자.

시비는
늘 존재한다

시비는 피할 수 없다. 우리가 귀를 쫑긋 세울수록 더 많은 사건 사고가 들려온다. 반대로 귀를 닫으면 세상도 평온해진다.

샤오펑이라는 젊은이가 자신의 사회 경험을 들려준 적이 있다. 그녀는 평범한 회사원이었다.

어느 날 회사에 신입사원 둥리리가 들어왔다. 건방지고 오만한 성격의 둥리리는 출근한 지 며칠 되지 않아 사무실에서 상사에게 대들었다. 어쩌다 싸우게 됐는지는 중요하지 않았다. 다만, 갓 들어온 신입이 감히 상사에게 맞섰다는 사실에 초점이 맞춰졌다.

그 일은 회사에서 핫이슈로 떠올랐다. 그 일에 무관심한 사람은 샤오펑 하나였다. 그녀는 농촌 출신으로 순박하고 정이 많았다. 그런 그녀도 어릴 때는 시비가 붙으면 그냥 넘기지 못하고 말다툼을 벌인 전력이 꽤 많았다. 그럴 때마다 그녀의 어머니는 남들이 뭐라고 하든 신경 쓰지 말라고 충고해주곤 했다.

샤오펑 옆자리의 천옌은 샤오펑이 사무실 사람들이 수군대는 일에 전혀 관심을 보이지 않자 그녀를 밖으로 데리고 나가 물었다.

"넌 새로 입사한 둥리리를 어떻게 생각해?"

"어울려본 적 없어서 잘 모르겠는데?"

샤오펑은 솔직하게 대답했다.

"걔는 자기만 잘난 줄 알아. 감히 상사한테 대들다니, 말이 돼? 뭔가 있는 것 같지 않아? 걔가 상사 차 타고 출근하는 걸 누가 봤대."

"미안, 내가 지금 좀 바쁘거든. 재무과에 가봐야 해. 나중에 얘기하자."

샤오펑이 별 관심을 안 보이자 천옌은 더 이상 말을 잇지 못했다. 그렇게 시간이 흘러 신입사원이 일으킨 파란도 점차 잠잠해졌다. 그런데 그 후부터 샤오펑을 대하는 상사의 태도가 달라졌다. 그는 직원들이 무슨 제안을 하면 샤오펑에게 먼저 의견을 물었다.

그리고 반년 뒤 그 사건의 진실이 밝혀졌다. 둥리리에게는 확실히 뭔가가 있었다. 그녀는 고위 간부의 친척이었고, 그것이 그녀가 거침없이 행동하는 백그라운드였던 것이다. 어쨌든 그 사건 이후 둥리리는 샤오펑을 다른 눈으로 보게 되었고, 친척에게 그녀가 꽤 괜찮은 직원이라며 칭찬을 아끼지 않았다.

이 같은 일은 비일비재하다. 만약 동료가 상사와 친밀한 관계라는 사실을 알았다면 어떻게 해야 할까? 그런 사실을 알았다고 해서 그 두 사람의 관계가 소홀해지는 것도 아니다. 교만해서 어울리기 힘든 사람이 있다면, 그게 나와 또 무슨 상관이 있을까? 누가 명문대학을 졸업했고, 어떻게 입사했다는 등등의 이야기 역시 마찬가지다. 마음을 진정하고 생각해보면 어떤 일들은 나와 전혀 무관하다.

긍정적인 면을
부각하자

주의 깊게 살펴보면 당신이 희소식을 듣고 기뻐하는 순간 가장 먼저 감정을 공유하는 이는 바로 그 소식을 전해준 사람이다.

회사에서 선물이나 인센티브를 준다는 희소식을 들으면 동료를 빼먹지 말고 기억해야 한다. 소식을 미리 알았거나 선물을 먼저 수령했다면 조용하게 자리에 앉아 있지 말고 동료에게 알려주자. 좋은 소식을 동료에게 전하면 그에게 나의 존재감을 각인시킬 수 있다.

동료와 대화하는 기술은 매우 중요하다. 동료의 도움을 받았을 때 어떻게 긍정적인 면을 부각시킬 수 있을까? 그러려면 어느 정도의 평가가 필요하다. 동료가 도와줬다는 사실만 말하지 말고 "인내심 있고 세심한 네 성격을 배워야 하는데"라고 덧붙이는 것이다. 상대의 미덕을 긍정적으로 바라본 이 말은 단순한 감사보다 더 큰 힘을 발휘한다. 동료에게 일을 잘해냈다는 느낌을 준다. 반대로 동료와의 사이에 불쾌한 일이 발생했다면 평가는 필요 없다. 사실에 입각해 시비를 논하는 것이 최선이다.

한번은 친구가 애인과 절교했다고 털어놓았다. 두 사람은 좋은 동료관계였는데 고객과 문제가 발생했을 때 남자 동료가 친구를 돕지 않은 것이 화근이었다. 친구는 그 일에 대해 별다른 화를 내지 않았지만 그는 도리어 친구를 상대로 '책임 회피'라는 평가를 내렸다. 단순하고 사소한 일과 하찮은 다툼이 개인 직무 태도에 대한 공격으로까지 번진 것이다. 결국 친구는 애인과의 절교를 선언했다.

사람은 이로움을 취하고 해로운 것은 피한다. 정말 친구의 책임이 확실했다면 다툴 필요도 없었다. 책임을 질 사람은 결국 친구이니까. 그러나 그것이 아니라면 책임을 질책한 남자 동료의 태도는 참 잔인했다.

나는 젊은이와 직장인에게 원망하지 말라고 충고해왔고, 원망해도 소용없다는 사실을 이해시키고 싶었다. 그런데 곰곰이 생각해보

면 이 사실을 그들 역시 모를 리 없다. 그래서 젊은이들이 투덜대는 걸 볼 때마다 이론을 들먹이며 그들을 비난할 수만은 없다. 더 나은 방법을 제시해 마음속 응어리를 풀어주고 자신을 강하게 만드는 방법을 가르쳐줘야 한다.

어떤 일에 대해 잘 알지 못한다면 비난해봤자 아무 소용이 없다. 더 합리적인 대안을 내놓고 상황을 전환하도록 도와야 한다. 그것이 질책하는 것보다 더 존중받는 길이다.

다름을
존중하자

재미있는 이야기가 있다. 외계인이 지구인 친구를 사귀게 되었다. 바깥 날씨가 쌀쌀해지자 지구인이 손을 입에 대고 계속 호호 불어댔다. 외계인이 왜 그러는지 묻자 지구인이 답했다.

"날씨가 추워서 손이 얼었어. 열기를 불어넣어주면 손이 좀 따뜻해지거든."

방으로 들어가 둘이 식사를 하게 됐다. 뜨거운 요리가 나오자 지구인은 음식을 떠서 입에 대고 또 호호 불었다. 외계인은 그 모습이 이상해 물었다.

"왜 그러는 거야?"

"음식이 너무 뜨거워서 불어 식히려고……."

"입에서 뜨거운 김이 나오기도 하고 찬 김이 나오기도 하다니, 정말 이해가 안 돼."

외계인이 아무리 생각해도 이해할 수 없는 일이 있듯이 지구인 역시 아무리 말해도 이해할 수 없는 일이 있다. 사람 사이에는 서로 이해할 수 없는 부분이 분명 존재한다.

회사에서도 마찬가지다. 각자 다른 방안을 내놓았을 때 남의 것에 대해 성급한 결론을 내려서는 안 된다. 괴짜 동료가 엽기적인 방안을 내놓는다고 당장 반대 의견을 내놓는 짓은 하지 말아야 한다.

세상에서 똑똑한 사람은 우리뿐만이 아니다. 사람마다 문제를 분석하는 관점이 다르고 내리는 결론도 다르다. 생각이 일치하지 않는다고 다른 사람의 생각을 비난하고 좌지우지하려고 해선 안 된다.

이 문제에 대해 나는 파격적인 의견을 내놓으려고 한다. 반드시 맞는다고는 할 수 없지만 직장에서 처신하는 데 참고가 될 수 있을 것이다.

'소통해도 통하지 않을 때는 소통을 포기하라.'

많은 사람이 소통의 중요성을 강조한다. 그게 틀린 말은 아니지만 간과한 사실이 하나 있다. 두 사람의 처지와 경험, 살아온 배경, 일에 대한 관점이 완전히 다를 때 소통의 힘은 현저히 약해진다.

사장이 기획안이 제출하라고 했을 때 A 직원과 B 직원이 각각 자신의 성공 경험과 사례를 바탕으로 기획안을 냈다고 가정해보자. 이때 A 직원과 B 직원 사이의 소통은 필요하지 않다. 의견이 달라도 서로를 설득할 이유가 없다. 사장이 결정을 내리면 채택되지 않은 사람이 채택된 사람의 기획안에 승복하고 응원해주면 그만이다.

회사 내 각 부서 간의 이해 충돌이 발생한 경우에도 소통이 아니라 정책 결정에 의지할 수밖에 없다. 재무팀에서 예산을 절약하고 싶은데 마케팅팀은 시장 개척을 목표로 한다. 이런 상황에서 두 부서 동료들이 한자리에 앉아 '소통과 양보'의 시간을 가져봤자 아무런 성과를 거둘 수 없다.

인간관계에서 동료와 근본적인 이익 충돌이 발생하거나 생각이 다를 경우 소통을 위한 소통보다는 허심탄회하게 상대에게 말하는 것이 더 좋다.

"이 일에서 각자의 생각은 중요하지 않아. 같이 임무만 완성하면 되는 거야. 안 그래?"

그래야 갈등과 문제가 자연스럽게 사라진다.

인맥 디자인 TIP
동료와 입장이 다를 때 동료를 설득하려 들지 말고 제삼자를 설득해 지지를 얻어내라.

착실하게
승진 계획을 세우자

PLAN

성격과는 별개다

많은 사람이 종종 이렇게 말한다.

"난 승진할 생각이 없어!"

그 이유가 뭘까? 내성적인 사람은 직장에서 동료들과 별 탈 없이 지내면 그걸로 족하다고 말한다. 그는 승진에 좌지우지되지 않는 사람처럼 보인다. 또 외향적인 리더가 되려면 속이 깊고 의중을 숨길 줄도 알아야 하는데 자신은 감정이 얼굴에 그대로 드러난다며 승진에 별 미련이 없다고 말한다. 물론 이들 중에는 정말 승진을 원치 않는 사람도 있다. 하지만 인성에 대해 깊이 탐구해봤을 때, 성격은 승진을 막는 핑계에 불과하다.

리더의 성격이 외향적일 때, 다른 사람이 그를 어떻게 평가할까?

아마 어울리기 쉽고 패기 넘친다고 말할 것이다. 리더의 성격이 내성적인 경우에는 뭐라고 할까? 속 깊은 스타일이라고 평가할 것이다.

성격은 승진하는 데 전혀 문제가 되지 않는다. 문제는 직장인들이 책임지기를 기피하고 안일한 삶을 갈망한다는 데 있다. 젊은이들은 위기가 닥치면 두 가지 반응을 보인다. 싸우는 방법을 알지 못하거나 혹은 싸워야 하는 이유를 모른다.

사람마다 직장생활에 대한 선택과 계획이 다르다. 하지만 현재를 바꾸고 싶은 사람이라면 어떤 부담도 이겨낼 줄 알아야 한다. 해본 적 없는 일을 하는 것을 성장이라 하고, 하기 싫은 일을 하는 것을 변화라고 하고, 도저히 할 수 없는 일을 하는 것을 돌파라고 한다.

샤오커는 화장품 판매원이었다. 그녀는 일을 무척 잘했다. 상사는 입사 3년 만에 그녀를 점장으로 승진시키려 했다. 하지만 샤오커는 사람을 관리하느니 차라리 승진을 포기하겠다며 거절 의사를 밝혔다. 그녀는 그냥 진득하게 일하는 게 좋지, 직원들을 관리하는 일은 자신한테 맞지 않는다고 생각했다.

나는 샤오커에게 이렇게 충고했다.

"섣불리 호불호의 생각을 드러내지 말고 상사와 동료가 당신을 어떻게 평가하는지부터 알아보세요."

여러 사람의 입장에서 자신에 대한 의견과 평가를 알아보면 잠재되어 있는 장점을 발굴하고 승진에 대한 자신감을 높일 수 있다.

승진을 원한다면 80퍼센트의 에너지로 20퍼센트의 핵심관계를 관리해야 한다. 핵심관계는 두 가지로 나뉜다.

첫째는 나와 상사다. 상사의 신임이 없으면 될 일도 안 된다. 상사에게 신중하고 침착한 이미지를 심어줘야 한다.

예를 들어 나쁜 소식을 들었을 때, "우리가 이러이러한 상황을 만난 것 같습니다" 하는 식으로 가능한 한 완곡하게 비보를 전하는 것이 좋다. 호들갑을 떨며 상사 사무실로 뛰어들어가 나쁜 소식을 알려서는 안 된다. 나와 전혀 상관없는 일일지라도 말이다. 자칫 잘못했다가는 상사로부터 위기 대처 능력을 의심받을 수 있고, 심지어 욕까지 먹을 수 있다.

또한 상사에게 상황을 충분히 해결할 수 있다는 뉘앙스를 풍겨야한다. '우리'라는 말 안에 끈끈한 전우애를 담아내고, 자신이 전투를 유리하게 이끌어낼 수 있다는 믿음을 심어주어야 한다. 승진하고 싶다면 상사가 일을 시켰을 때 입버릇처럼 자신감 있게 대답해야 한다.

"네, 당장 하겠습니다!"

만약 머뭇거리며 자신 없는 표정을 짓는다면 가뜩이나 막중한 책임을 지고 있는 상사에게 신임만 잃을 뿐이다.

일을 잘못해서 상사에게 불려갔을 때도 절대 변명해서는 안 된다. 누구나 실수하게 마련이지만 실수에 대처하는 자세는 각기 다르다. 과감하게 자신의 실수를 인정하자. 책임을 회피해봤자 더 무능해

보일 뿐이다. 그렇다고 모든 책임을 다 짊어지라는 뜻은 아니다.

　회사 고위 간부와 함께할 기회가 생긴다면 무슨 이야기를 해야 할까? 사전에 괜찮은 화젯거리를 준비해두자. 가장 좋은 화제는 당연히 회사 발전에 관한 제안이다. 그와 관련해 할 말이 없다면 회사 전망에 관련된 이야기나 사색하게 만드는 화제를 준비하고, 간부가 관심 있고 잘 아는 분야에 맞춰 질문해보자. 우리는 그 대답에서 유익한 소득을 얻을 수도 있고, 간부 역시 생각의 깊이가 있는 직원에게 눈이 더 갈 수밖에 없다.

　둘째는 나와 주변 사람이다. 평소 지나치게 딱딱하게 굴어 남들

이 다가가기 어렵다거나 회의, 업무 인계 시에만 동료에게 말을 건다면 어떻게 인심을 얻겠는가? 평상시에도 적극적으로 주변 사람과 인사를 나눠야 한다.

또 누구에게나 차별 없이 대하는 태도가 중요하다. 회사에서 용역으로 일하는 아주머니를 만나든 인턴이나 택배기사를 만나든 항상 존중하고 예의를 지켜야 한다. 그런 사소한 행동 하나하나가 나의 호감도를 높인다.

열 명부터 잘 관리한 뒤
백 명을 관리하자

직장인들은 대부분 한 단계씩 승진한다. 과장 일을 잘해야 부장이 될 수 있는 것처럼 말이다. 한 사람의 리더십은 한눈에 알아채기 어렵다. 승진하려면 관리 능력이 특히 중요하다. 열 명도 제대로 관리하지 못하는 사람이 과연 백 명을 거느릴 수 있을까?

반년 동안 보여준 탁월한 실력을 인정받아 입사 2년 만에 상품 업무팀 실장이 된 한 후배가 있었다. 그는 좀 더 잘해보고 싶은 마음에 날 찾아와 도움을 청했다. 나는 부하 직원과 거리감을 유지하라고 단호히 충고했다. 후배는 그 충고대로 했지만 얼마 뒤 부하 직원과 관계가 좀 이상하다는 느낌을 받았다.

한번은 모두가 있는 데서 한 직원이 후배의 처신에 대해 대놓고 불만을 제기했다.

"왜 매번 선생님처럼 우리한테 이것도 하지 말라, 저것도 하지 말라 하십니까?"

후배는 그 말에 큰 충격을 받았다. 그리고 윗자리에 앉아 너무 권위적으로 직원들을 대했던 자신을 반성했다.

나중에 후배의 하소연을 듣고 난 후 나는 회사나 팀의 분위기에 따라 융통성 있게 대처해야 한다고 충고했다. 회사 전체 분위기가 개방적이고 실무 위주의 업무라면 직원들에게 격려를 아끼지 않고 다가갔어야 했다. 그 후 후배는 부하 직원과 적당히 친해지는 방식을 선택해 관계의 변화를 시도했다.

업계마다 원칙이 다르고, 사람에 따라 관리하는 방법과 수완이 달라야 한다. 생활 속에서 요령만 잘 터득한다면 자신만의 경험과 노하우를 터득할 수 있을 것이다.

진심으로
즐기자

목표가 생겼을 때 쉽게 저지르는 실수 중 하나가 바로 조급함이다. 나는 오랜 세월이 지나서야 그 이치를 깨달았다. 승진을 하기 위해서는 핵심관계를 유지해야 한다. 다음 사례를 참고해보자.

오래전, 굉장히 중요한 인사와의 만남이 성사되었을 때 기쁜 나머지 소리를 지르기까지 했다. 나는 그에 대한 존중과 성의를 보이기 위해 유명한 고급 레스토랑을 예약했다. 그리고 식사할 때 어떤 식으로 대화를 풀어갈지 철저히 시나리오를 짰다. 그에게 부탁하려면 일단 그의 호감을 사는 게 급선무라고 생각했다.

당시 접대 경험이 많았던 터라 당연히 자신감도 넘쳤다. 그런데 그를 만나고 얼마 되지 않아 일이 뭔가 잘못 풀리고 있다는 느낌이 왔다. 그를 기분 좋게 약속 장소로 데려간 것까지는 좋았는데 시간이 지날수록 이야기의 맥이 자꾸 툭툭 끊겼다. 그가 식사할 때 내 이야기를 듣는 둥 마는 둥 하자 나는 마음이 조급해졌고, 결국 단도직입적으로 도와달라는 청을 거듭해야 했다. 첫 단추를 잘못 채우면 계속 꼬인다더니 일은 뜻대로 되지 않았고, 결국 그는 언짢은 표정으로 자리를 떴다. 그렇게 영문도 모른 채 나는 기회를 잃고 말았다. 나는 그날의 일이 도무지 이해가 되지 않았다.

그런 와중에 소식이 뜸했던 친구에게 만나자는 연락이 왔다. 꽤 친하게 지내던 친구라 나는 기분 좋게 만나기로 약속을 했다. 약속 장소는 분위기 좋은 카페였다. 일단 장소는 마음에 들었다. 서로 안부를 주고받는 사이에 종업원이 다가왔다. 그가 메뉴판을 건네며 주문을 받으려 하자 친구는 자꾸 거슬리는 행동을 했다. 음료와 디저트를 고를 때마다 메뉴판을 나한테 내밀며 알아서 고르라고 했다. 내가 고르고 나서 괜찮으냐고 물어도 친구는 맘대로 하라며 성의 없이 한마디 툭 내뱉을 뿐이었다.

당시 내 마음속에 무슨 화학반응이 일어났는지는 모르겠지만 기분이 굉장히 불쾌해졌다. 사실, 용건이 없으면 찾지 않을 친구라는 걸 알면서도 옛정을 생각해서 약속 장소에 나온 것이었다. 별로 번거로울 것도 없고, 능력이 되면 곤란하지 않는 범위 내에서 도울 생각도 했다. 하지만 당시 친구의 태도가 무척이나 거슬렸다. 친구는 오랜만의 만남을 전혀 즐기지 않았다. 게다가 마치 임무를 가지고 나온 사람처럼 자기 일만 생각하고 내 기분은 전혀 고려하지 않았다.

순간 나의 실수가 떠올랐다. 당시 나는 주머니도 두둑하니 고급 레스토랑에서 식사를 대접하고 도움이나 받으면 그만이라고 생각했던 것 같다. 메뉴에 전혀 관심도 보이지 않은 채 어떻게든 내 실속부터 차리려고 조급하게 굴었다. 그런 내 모습에서 상대는 불쾌감을 느꼈던 것이다.

같은 맥락이다. 직장에서 상사와 식사할 기회가 생긴다면 조심해야 한다. 상사가 이야기할 때 눈길을 피하거나 조급하게 무언가를 얻어내려고만 해서는 안 된다. 자신을 다스리지 않고 속내를 드러내는 순간 손해를 보게 될 것이다.

오래 생존하고 싶다면
언행을 단속하라

사적인 자리에서

방심하지 말자

직장 안에서의 대인관계는 다른 관계와 조금 달라서 절대로 상하 관계를 뛰어넘을 수 없다. 불평등한 관계는 장소가 달라진다고 바뀌지 않는다. 상사가 윗사람 행세를 하지 않는다고 해서 정말 격 없이 대했다가는 큰코다칠 수 있다.

샤오판은 주말에 가끔 차장과 함께 동호인 모임에 참석했다. 캐주얼한 차림으로 만나는 모임이다 보니 차장이 언니처럼 아주 편안하게 느껴졌다. 모임에서 나누는 대화 내용도 일보다는 남자 이야기처럼 가벼운 화젯거리가 대부분이었다. 샤오판도 거침없이 자기 생각을 털어놓았다. 그런데 그녀가 간과한 사실이 하나 있었다. 샤오판과 차장은 처한 상황이 달랐다. 차장은 마흔 살 미혼이었지만 샤오판은 스물다섯에 벌써 가정을 꾸리고 있었다.

"여자가 결혼을 행복의 수단으로 여기면 안 돼. 왜냐하면……."

차장의 말이 채 끝나기도 전에 샤오판이 반박했다.

"결혼은 행복의 수단이에요. 제 생각에는……."

샤오판 때문에 체면을 구긴 차장은 더 이상 한마디도 하지 않았다. 하지만 샤오판은 계속 눈치 없이 자기 생각을 이야기했다.

"일 이야기도 아닌데 마음껏 수다 떨어요. 너무 진지할 것 없잖아요."

월요일이 되자 두 사람은 다시 정장을 차려입고 제자리로 돌아왔다. 차장은 샤오판에게 서류 한 뭉치를 주며 화요일 아침까지 수정해 제출하라고 했다. 두꺼운 서류꾸러미를 보며 샤오판은 '입이 화근'이라는 말을 실감했다. 그녀는 한밤중까지 서류를 정리하느라 기운이 다 빠져버렸다.

사람들은 빠른 성공을 위해 회사에서 어떻게 처신해야 하는지, 어떻게 해야 긍정적 이미지를 만들 수 있는지 잘 안다. 그렇지만 일상생활에서까지 직장의 룰을 지켜야 한다고 생각하지 않는다. 상사와 함께 식사나 술자리 같은 모임을 갖는다고 해서 상사가 정말 나와 격 없는 친구 혹은 좋은 형제자매가 되는 것은 결코 아니다. 그때도 역시 상사는 상사고, 부하는 부하일 뿐이다.

사적으로 상사를 만날 때에도 상사의 체면을 지켜줘야 한다. 비즈니스 모임이라면 더욱 그렇다. 내가 상사의 위신을 깎아내린다면 남들은 자연히 상사가 엄격히 다스리지 못한 탓이라고 여길 것이다.

　업무에서 이메일의 역할이 점차 중요해지고 있다. 몇 마디면 가능한 일도 메일로 보내면 더 격식이 있어 보인다. 다만, 메일은 비즈니스 규칙에 부합해야 한다. 메일 쓰는 요령도 필요하고, 너무 빈번하게 메일을 사용해서도 안 된다. 글은 추측의 여지가 너무 많다. 수신자는 일반적인 교류 메일을 불평하거나 원망하는 메일로 착각할 수 있다. 사실에 입각하여 득실을 따지는 메일도 괜한 도발로 받아들여질 수 있다. 메일에 강경한 분노의 감정이 함축되어 있기 때문이다. 메일은 무서운 증거가 되기도 한다. 직장에서 한 말은 인정하기 싫다면 잡아뗄 수도 있다. 하지만 메일로 쓰면 빼도 박도 못 하는 증거가 되어버린다. 가끔 메일을 잘못 보내는 상황이 발생하기도 한다. 실제로 내 친구에게는 이런 일이 있었다.

　친구는 상사와 문제가 있어서 부서 이동을 간절히 원했다. 그래서 인사과 사람에게 메일을 보내기로 했다. 메일에는 상사와의 문제뿐만 아니라 주관적인 의견을 고스란히 적었다. 친구는 상사에 대한 악감정에 사로잡힌 상태였다. 그런데 그만 실수로 그 메일을 상사에게 보낸 것이다. 클릭하여 발송하고 난 뒤에야 그 사실을 발견했지만 벌어진 일을 돌이킬 수 없었다. 당연히 신뢰관계는 깨졌고 두 사람의 관계는 돌이킬 수 없는 강을 건너버렸다.

좋은 인연을 맺는 일은 결코 어렵지 않다. 예전에 함께 일했던 동료가 있었다. 내가 심리전에 강하지 않았다면 그와 지내는 동안 기분 좋게 일하기란 힘들었을 것이다. 그는 내가 뭘 하는지 관찰하기를 즐겼다. 내가 업무보고서를 작성하면 꼭 봐야 직성이 풀렸다. 황당하게도 그는 보고서를 보고 나면 자신이 내 직속상사라도 된 듯 왜 마침표를 써야 할 곳에 쉼표를 썼느냐는 식으로 질책했다. 나는 그런 일로 싸우고 싶지 않아 꾹 참았다. 그는 보고서를 돌려주면서 또 한 번 염장을 질렀다.

"잘 썼네. 어느 사이트에서 다운받은 거야?"

물론 나는 그 말도 애써 무시해버렸다. 당시 나는 그 자리에서 맞서기보다 더 좋은 기회를 봐서 멋지게 한 방 날려주겠다는 생각으로 참아냈던 것 같다.

그런 식으로 단련을 해서인지, 그 후부터 괜한 트집을 잡는 밉상 동료들의 말에 휘둘리지 않고 잘 대처하는 요령이 생겼다. 남을 공격하고 비방하는 사람을 상대하는 최고의 무기는 바로 자신감이다. 자신에 대한 확신만이 어떤 풍파에도 흔들리지 않는 힘을 준다.

조직 안에서 인맥과 벽을 쌓고 살고 싶다면 남을 공격하는 입을 가지면 된다. 가끔 무심결에 한 언행이 타인에게는 공격으로 받아들여질 수 있다. 예를 들어 이런 말은 되도록 삼가야 한다.

"그 지역 사람들은 아주 인색하다던데. 게다가 그곳 여자들은 못생기고……."

"연예인이 아무리 좋아도 그렇지, 팬이라고 쫓아다니는 애들 보면 좀 제정신이 아닌 것 같아. 밥 먹고 할 짓이 그렇게 없나?"

"퇴근 시간만 되면 잽싸게 내빼는 사람을 보면 정말 재수가 없어. 너무 이기적이야."

때로는 어떤 현상에 대한 비판이 자신에 대한 공격으로 받아들여질 수 있다.

또한 신앙에 대한 이야기도 되도록 삼가야 한다. 누군가 종교가 뭐냐고 물을 때 충돌을 피하려면 화제를 돌려보자. 진지하게 받아들이기보다 "내 신앙은 잠이야"라고 장난스럽게 대답하는 것도 한 방법이다.

과도한 자기 자랑은 상대방에게 심리적 부담감을 준다. 실의에 빠진 사람 앞에서 자신이 얼마나 행복한지 자랑하지 말아야 한다. 이 것은 사람 사이의 도리이자 상식적인 룰이다. 프랑스의 고전 작가 라 로슈푸코는 이런 명언을 남겼다.

"적을 만들고 싶다면 내가 그들보다 잘났다는 사실을 증명하면 된다. 그러나 친구를 얻고 싶다면 그가 나보다 뛰어나게끔 하라."

서로 어울리는 과정에서는 누구나 남한테 인정받기를 바란다. 동료가 나보다 뛰어나다면 그에게 기회를 주고 인정받는 느낌을 전달 하자.

자신보다 뛰어난 사람을 만나면 열등감을 느끼고, 심지어 적대감을 품을 수도 있다. 누구나 알게 모르게 자신의 이미지와 자존심을 지키고 싶어 하기 때문이다. 따라서 어떤 사람이 스스로 한 수 위라는 우월감을 지나치게 과시하면 은연중에 상대방의 자존심을 다치게 할 수 있다. 남을 무시하는 듯한 그런 처사는 자연스럽게 적대감을 초래한다.

그리고 또 하나 주의해야 한다. 상사와의 관계는 자기 발전을 위한 자원이 될 수 있다. 그러나 이를 동료에게 말하는 순간 자원이 자랑으로 변질된다. 일하다 보면 자기 지위와 역할을 입증할 때 능력을 이야기하지 않고 자신과 상사와의 관계를 들먹이는 사람이 있다. 이는 심리적으로 볼 때 인간 내면의 나약함을 여실히 드러내는 경우라고 할 수 있다. 자기 실력을 향상시킬 방도는 물론 팀에서 입지를 어떻게 다져야 할지를 몰라서 다른 방식으로 자신의 가치를 부각시키는 것이다. 이런 유형을 만나면 대다수 사람이 거북해한다.

그렇다면 이런 사람들을 상대로 어떻게 대처해야 할까?

마음속으로 자신을 굳게 믿고 권력 앞에 약해져서는 안 된다. 남이 상사와 무슨 관계가 있는지, 그런 관계가 사실인지 거짓인지 신경 쓰지 않아야 상처 입을 일이 없다. 누군가 내 앞에서 상사와의 특별한 관계를 자랑한다면 괜히 부럽다는 듯 더 묻지 말고 있는 그대로 인정만 하자.

"상사가 널 믿나 보네. 그러다 빨리 승진하는 것 아니야?"

이런 정도에서 끝내야 감정이 오염되는 것을 막을 수 있다.

인맥 디자인 TIP

직장 분위기는 화기애애할수록 좋다. 그 수위가 바로 네가 되면 나도 되고, 내가 되면 너도 되는 경지다.

프로의 비법,
신뢰를 얻자

책상에서도
실력이 보인다

가끔 상대의 실력을 직접적으로 알 수 없고, 일하는 방식 역시 단번에 예상하기 힘들 때가 있다. 그렇다면 그 사람의 생활습관과 관심 화제에 주목해야 한다. 그러면 그가 어떤 사람인지 짐작할 만한 단서가 나온다.

주위를 둘러보면 사무실에서 세 종류의 책상을 쉽게 발견할 수 있다.

첫째, 정리정돈이 잘된 책상이다. 일 처리가 깔끔한 주인의 특징을 잘 보여준다. 책상 주인은 확실하게 일하고 끈기도 있다. 막중한 임무가 주어져도 긴장하지 않고 일의 순서를 논리적으로 정해 풀어나간다.

둘째, 물건을 어지럽게 늘어놓은 지저분한 책상이다. 책상 주인은 늘 바쁘다. 그는 아마 입담이 강하고 단기 프로젝트 기획을 능수능란하게 잘 처리할 가능성이 크다. 하지만 일이 많아질수록 조급해한다.

셋째, 개성이 느껴지는 책상이다. 책상에 주인이 좋아하는 물건이 놓여 있다. 책상은 주인 정서의 연장선이자 개성을 표현하는 도구이다. 책상 주인은 열정이 넘치고 활기찬 스타일이 틀림없다.

지금 내가 한 말이 대체로 맞다고 느끼면 이제 사무실 책상과 대인관계의 연관성에 주목해야 한다. 누군가가 책상을 통해 나를 파악하고 평가한다면 과연 어떤 책상의 모습을 보이고 싶은지 생각해보자. 다만, 자신을 표현하되 남들에게 오해를 사서는 안 된다.

사장을 심란하게 만드는 책상은 가능한 한 피해야 한다. 마치 '종이 없는 사무실'에 집착하듯 책상 위에 메모지 한 장 없는 모습을 사장이 보기라도 한다면 그는 어떤 생각을 하게 될까? 아마 그 책상의 주인이 아무 일도 하지 않는다고 느낄지 모른다.

또 하나는 지나치게 개인적인 책상이다. 방석, 각양각색의 액자, 기념품, 모양이 특이한 컵, 거기에 인형까지 가져다 놓으면 사장이 좋아할 리 없다. 철이 덜 든 어른처럼 느껴지고 신뢰도 떨어진다.

책상은 그 주인의 인품과 수준을 반영한다. 만약 사무실을 찾아온 고객이 영업사원의 책상에서 '고객 공략'과 관련된 책을 보게 된다면 자신이 이용당하는 듯한 묘한 감정이 들지 모른다.

머피 대위는 운이 없는 동료를 상대로 이런 농담을 던졌다.

"뭔가 잘못될 가능성이 있으면 아무리 사소한 것이라도 누군가는 틀림없이 그 잘못을 저지르게 되어 있어."

긴장할수록 쉽게 실수를 한다. 이게 바로 '머피의 법칙'이다. 우리는 일하다가 얼마나 실수를 하게 될까?

일전에 이런 기사를 보았다. 한 부부가 백악관의 여러 보안 검사를 거쳐 국빈만찬장에 들어서게 되었다. 오바마 미국 대통령이 만모한 싱 인도 총리를 위해 마련한 만찬이었다. 그 후 부부는 페이스북에 미국 대통령과 부통령 등 각계 유명 인사들과 찍은 사진을 올렸고, 이 일이 한때 사회적 물의를 일으켰다.

당시 미국국토안전부 비밀수사국 책임자는 이 일을 어떻게 처리했을까? 백악관의 안전 문제를 담당하는 이 책임자는 어떻게 이 책임을 모면했을까? 그는 모든 것을 비밀수사국의 탓으로 돌렸다. 그는 지난 한 해 동안 백악관을 방문한 인원수가 120만 명이었고, 대통령과 부통령 및 기타 인사들의 안전을 위해 만여 곳에 보안 카메라를 설치했지만 그것을 제대로 감시하지 못했다고 밝혔다.

그런데 이 보도가 나가자 사람들의 관심은 엉뚱하게도 그들의 과중한 업무량에 맞춰졌다. 구체적인 수치를 듣는 순간 그들의 잘못을 떠나서 각국 정치 인사들을 찍은 무료한 영상을, 그것도 엄청난 양을 하루 종일 지켜봐야 하는 그들의 고충이 전해졌기 때문이다.

그는 직접 사과하지 않은 채 당당하게 "일을 제대로 하지 못했다"는 말로 입장을 전달했다. 사실, 그는 아주 절묘한 방법으로 과다한 업무량을 함축하여 전달하는 데 성공했다. 만약 "하루에 20시간씩 일하느라 우리도 바쁘고 피곤하다"고 말했다면 월스트리트의 경영자들은 책상을 꽝 내리치며 "왕년에 난 매일 잠도 제대로 못 자고 일했어. 그러다 실수라도 하면 바로 모가지였다고!"라고 외칠 것이다. 그러나 비밀수사국 책임자는 달랐다. 부정적 사실은 자신의 무능을 알릴 뿐이지만, 객관적인 데이터는 자신들이 실수하기는 했지만 많은 일을 제대로 했음을 증명한다.

직장에서 잘못했을 때 괜한 변명을 늘어놔봤자 소용없다. 또한 한 번의 실수로 자신의 전부를 부정해서는 안 되며, 좌절하거나 의기소침할 필요도 없다. 하늘이 무너져도 당당한 모습을 보여야 한다.

잘못이 있다면 반드시 기록으로 남겨 똑같은 잘못을 번복하지 않게 자신을 단속하자. 누구나 실수하면서 성숙하게 마련이다. 실수로 인해 가장 소중한 보물 '자신감'을 잃어서는 안 된다.

사소한 일을 잘해야
이득이다

직장에서 중요한 인맥은 때때로 사소한 일을 통해 유지된다. 물론 사소한 일을 잘해서 쥐도 새도 모르게 이익을 챙기는 일이 말처럼 쉽지만은 않다.

눈치가 빠르다는 말이 있다. 눈치란 무엇인가? 그것은 필요한 일은 없는지, 그 일을 해야 하는지 말아야 하는지 제때 파악하고 처리하는 능력이다.

믿고 일을 맡길 사람이 없다고 입버릇처럼 말하던 친구에게 어느 날 아주 유능한 비서가 생겼다. 젊은 비서는 번거로운 일도 아주 깔끔하게 처리해 그를 흡족하게 만들었다. 친구는 어떻게 그 비서를 찾아냈을까?

친구가 중요한 프로젝트로 한창 바쁘게 일할 때 한 신입 젊은이는 자진해서 늦게까지 야근을 했다. 친구 회사는 원칙적으로 야근을 권장하지 않았다. 그런데도 그 신입사원은 회사에 남아 친구가 필요로 할 때마다 복사나 퀵 발송 같은 도움을 주었다. 친구는 그 신입사원의 도움을 받아 일을 예정보다 일찍 끝낼 수 있었고, 그 뒤로 그 직원에 대한 관심의 끈을 놓지 않았다. 한동안 지켜본 결과 참 괜찮은 친구라는 판단이 섰다. 그 덕에 그 신입사원은 예상치 못한 승진의 기회를 잡을 수 있었다.

누군가는 그 젊은이가 너무 남의 비위를 맞춘다고 여길지도 모른다. 하지만 상사를 도와 근심을 해결하는 것 또한 올바른 직장인의 자질이다. 물론 상사를 기쁘게 하는 것을 일하는 목적으로 삼을 필요는 없다. 하지만 상사를 도울 수 있을 때, 일손을 필요로 할 때 과감히 도움의 손길을 내밀어보자. 그것은 아첨이 아니라 발전을 위한 선행이다.

상사뿐만 아니라 다른 동료에게도 마찬가지다. 남을 도와 걸림돌을 옮겨주면 나의 앞길에도 걸림돌이 사라지면서 길이 열린다.

남을 도와 존중과 신뢰를 얻는 동시에 자신의 능력을 보여주어야 한다. 능력이 허락하는 한 돕는다면 어찌 기쁘지 않겠는가!

해결책을 생각한 뒤
의견을 제시하자

친구 집에 초대받아 갔을 때의 일이다. 아이가 장난감을 가지고 놀다가 바닥에 아무렇게나 놓자 친구가 소리쳤다.

"바닥에 놓지 마!"

아이가 곧바로 장난감을 집어 책상에 놓자 친구가 또 잔소리를 했다.

"책상 위에 놓으면 안 돼!"

아이는 당황했다. 난 친구에게 웃으며 말했다.

"어디에 놓아야 하는지 알려주고 좀 구박해라."

마찬가지다. 회사에서 상사와 동료에게 의견을 제시할 때도 항상 의견만 내고 대책이 없다면 남에게 힘든 일을 강요하는 꼴이 되어버린다.

좋은 뜻으로 의견을 제시하고 싶다면 타인의 자존심을 충분히 존중하는 방식을 취해야 하고, 몇 가지 해결 방안을 미리 생각해둬야 한다. 충분한 근거도 있어야 한다. 자기 생각뿐만 아니라 다양한 데

이터 자료를 근거로 제시해야 의견의 타당성에 힘이 실린다. 더불어 적당한 타이밍을 골라 의견을 제시하고, 상대방이 쉽게 이해할 수 있도록 예를 들어 이야기하는 것이 좋다.

마지막으로 반드시 상대의 반응을 살펴야 한다. 상대방의 표정과 언행 속에 숨은 정보를 찾아내면 나의 의견을 받아들였는지 여부를 신속하게 판단할 수 있다. 자기 속만 시원하자고 일방적으로 자기 얘기만 하고 끝내서는 안 된다. 열의가 지나치면 중심을 잡지 못하고, 제시한 의견이 괜한 트집으로 변질되어 손해를 볼 수 있다.

인맥 디자인 TIP
'방이 어지러운 만큼 방 주인의 마음도 뒤죽박죽이다'라는 말이 있다. 프로다운 모습은 사소한 부분에서 드러난다.

이직도
인맥 싸움이다

이직하기 전에

충분히 준비하자

부엉이가 정신없이 숲 속을 날아다녔다. 산비둘기가 궁금해서 묻자 부엉이가 화난 목소리로 말했다.

"이 숲에서는 정말 더는 못 살겠어. 여기 사람들은 내가 우는 소리를 싫어해. 난 이사 갈 거야."

산비둘기는 측은한 말투로 말했다.

"솔직히 네 노랫소리가 시끄러운 건 사실이야. 특히 밤에는 단잠을 방해한단 말이지. 그러니 다들 널 싫어하지. 목소리를 좀 바꾸든지, 아니면 밤에는 노래를 부르지 말고 참아봐. 그럼 숲에서 계속 살수 있을 거야. 네 습관을 고치지 않으면 다른 데 가도 똑같이 미움을 살걸?"

이 우화는 회피가 근본적인 문제 해결책이 아니라는 교훈을 준다. 많은 사람이 이직과 사직의 개념을 혼동한다. 직장에서 자기 역할을 제대로 하지 못한 채 동료 혹은 고객과 불쾌한 일이 있다는 이유로 일을 관두는 사람이 있다. 이는 상당히 무책임한 행동이다. 타인과 문제가 발생했을 때 회피한다면 곧 습관이 되어 사회 적응력이 약해질 것이다.

사회생활을 하다 보면 다른 사람과 불쾌한 일로 부딪히게 마련이다. 그렇게 대인관계에 문제가 생길 때마다 이직을 결심하면 이직이 습관처럼 굳어질 수도 있다. 이직은 순간적인 충동으로 벌일 일이 아니다.

이직하고 싶다면 이성적인 판단과 충분한 준비가 전제되어야 한다. 그리고 이직에 필요한 경력을 쌓고 포트폴리오를 만들어야 한다. 자신이 일하는 영역에서 이름만 대면 누구나 아는 사람이 되어야 하고, 업무 실적을 자세히 정리하고 기록해 이직의 조건을 채워야 한다.

또한 준비 기간이 필요하다. 회사를 떠나고 싶다면 자신이 몸담은 곳에서 더 이상 배울 것이 없는지 따져봐야 한다. 만약 지금 다니고 있는 회사가 꽤 괜찮은 곳이라면 최소 3년은 버티라고 말해주고 싶다. 회사에 입사해 석 달을 계속 다녔다면 회사 문화에 적응하고 업무도 소화해냈음을 뜻한다.

더불어 자신이 성장할 시간을 충분히 갖고 회사 인맥을 파악한 뒤 이직해야 한다. 3년에 한 번 이직하는 것과 1년에 한 번 이직하는 것은 느낌이 확연히 다르다.

직장생활을 하다 보면 많은 불화와 문제가 생긴다. 이직하려는 사람 대부분이 회사 혹은 특정 상사에게 불만을 품고 있다. 그런 불만을 멋대로 드러낸다면 기존의 노력을 완전히 '매몰비용'으로 만들 뿐이다. 경제학 용어인 매몰비용은 기존에 투입했지만 회수할 수 없는 비용을 일컫는다. 업무에 투자한 에너지와 지혜만으로 직장에서 단기적 수익을 거둘 수 없다. 하지만 계속 목표를 정하고, 직업을 바꾸고, 자주 이직하다 보면 총비용은 높아진다. 매번 처음부터 시작해야 하니 기존의 매몰비용(축적된 기반)은 이용가치가 사라지기 때문이다. 그래서 한 기업에서 직무 담당 기간에 투입한 에너지와 자원이 단순하게 매몰되었다고 볼 수 없다. 다른 형식으로 그 가치가 회수되기 때문이다. 계속 투입된 비용은 이직 후 새로운 기업에 재투입되는 비용보다 낮다. 이 점은 인맥 방면에서 특히 두드러진다.

사장과 문제가 생겨 이직하는 경우를 예로 들어보자. 비즈니스와 상도덕의 관점에서, 되도록 그 사장에 대해 나쁘게 언급하지 않는 게 좋다. 자칫 내 얼굴에 침 뱉는 꼴이 되고, 새로 모시게 될 사장과의 관계에도 악영향을 미칠 수 있다. 그런 의미에서 예전 사장에 대해 품고 있던 원망과 증오의 감정을 새 직장 동료나 사장에게 풀어놓는 행동은 절대 하지 말아야 한다. 한 사람이 남의 흉을 보면 열일곱 명이 알게 된다는 말이 있다. 이 안에 광고 효과의 범위를 나타내는 상징적인 의미가 담겨 있다.

얼마 전 한 친구가 예전에 다니던 직장의 사장과 서로 만나 기분 좋게 묵은 감정을 청산했다고 토로했다.

"지금 와서 돌이켜보면 그 사장 덕에 내가 이렇게 빨리 성장할 수 있었던 것 같아. 그때는 그 사람 밑에서 일하는 게 너무 힘들고 숨이 막혔는데, 그 사이 참 많은 걸 배울 수 있었어."

세상에 완벽한 사람은 없다. 그러나 본받고 배울 만한 점은 누구에게나 있다. 사직한 뒤 우연히 전 직장의 사장을 만난다면 그를 존중하는 마음으로 자연스럽게 감정의 벽을 허물어보자. 그런 아량이 바로 프로다운 모습이다.

정보가 자유롭게 유통되는 환경 속에서 살다 보면 세상이 참 좁다는 것을 실감한다. 그렇기에 어디서 누군가와 예고 없이 만날 준비를 항상 하고 있어야 한다. 자신의 발전을 위해 이직하고 싶다면 사장에게 자질을 인정받아야 한다. 향후 좋은 관계를 맺기 위한 기반을 다진다고 생각하자. 떠날 때도 연락처와 전화번호를 남기고 사장과 동료들을 만나 가벼운 저녁 식사를 하는 것은 괜찮은 작별방식이다. 이직한 후에도 예전 직장 사람들과 연락을 유지하고 지속적으로 관심을 보이다 보면 의외의 수확을 얻을 수도 있다.

비즈니스 인맥은 하늘에 떠 있는 구름과 같다. 언제 어디서 갑자기 비가 올지 알 수 없기 때문에 널리 관용을 베풀어야 정작 필요할 때 그 비를 피할 수 있다.

이직은 지난 일과의 작별이자 새로운 생활의 시작이다. 전 회사와 업무 및 동료의 관계가 끝난다고 예의를 무시해서는 안 된다. 우아하게 이직하느냐의 여부는 개인의 프로 자질과 신용도를 반영한다. 이는 프로다운 이미지 형성과 인맥 다지기에 큰 영향을 준다.

이직할 때는 사무 절차에 주의해야 한다.

첫째, 이직을 결심했을 때 떳떳하게 상사에게 알리자. 절대 다른 핑계를 찾거나 병가를 내고 말없이 떠나서는 안 된다. 이직 이야기를 꺼낼 때도 회사를 떠난 뒤 사업기밀을 지키고, 인수인계를 철저히 하고, 회사가 직무를 재조정할 시간을 주겠다고 약속해야 한다.

둘째, 사직서를 제대로 준비하자. 표준 사직서는 사직 이유, 사직 기간, 업무 인계, 회사에 대한 감사 등 인사말을 포함한다. 개인적 의견이나 제안, 업무승계 적임자 추천 등의 내용을 추가할 수 있다.

셋째, 인수인계 업무를 끝까지 잘해야 한다. 자신의 업무 내용, 인계 사항을 목록으로 열거하고, 인수자와 충분히 소통하며 임무를 완벽히 파악하도록 도와주자. 그리고 고객과 다른 협력업체에 이직 사실을 알리고 감사 인사를 전하는 것이 좋다. 그간 잘 보살펴줘서 감사하다고 직접 말하자.

성급하게 이직부터 해서는 안 된다. 정 회사생활이 맞지 않는다면 회사를 다니면서 창업의 기회를 만드는 것도 좋은 방법이다.

한 지인의 이야기를 해보겠다. 그는 대학 졸업 후 은행에 다니게 되었다. 어느 날 그는 자기 미래를 계획하다 문득 슬픈 생각이 들었다. 아무리 열심히 일해도 은행장이 되기는 힘들다는 결론이 나왔기 때문이다.

'차라리 창업을 하면 사장도 될 수 있고 성취감도 훨씬 더 크지 않을까?'

이런 물음을 거듭하다 보니 그는 사직서를 던지고 싶은 충동마저 들었다. 하지만 그는 회사를 계속 다니며 거시적인 계획을 세웠다. 그는 일단 은행을 다니며 창업을 준비하기로 결심했다. 그리고 전업을 위한 준비를 차근차근 시작했다. 그는 은행에서 몇 년 더 일하면서 창업에 필요한 재무 대출과 자금 운용에 관한 전문지식을 쌓았고, 은행 일을 통해 사회 성공인사부터 개인사업자까지 광범위한 인맥을 형성해나갔다.

그렇게 몇 년이 지나자 그는 비록 '돈'은 많지 않지만 인맥만큼은 남부러울 것 없는 사람이 되어 있었다. 그랬기에 그의 첫 번째 이직은 큰 어려움 없이 성사되었다. '귀인'의 도움이 있었기 때문이다. 그 귀인은 은행에서 일하며 알게 된 중소기업 사장이었다.

그는 자신이 겪었던 재미있는 에피소드를 이야기해줬다. 한 투자 회사의 사장이 은행에 대출을 신청하러 왔다가 그와 차를 마시며 이야기를 나누게 되었다. 사장은 갑자기 그 앞에 신문을 내놓았다. 그는 신문 밑에 돈이 있다는 것을 알아채고 바로 신문을 돌려줬다. 그러자 그 사장은 부하 직원에게 신문 하나를 더 가져오라고 외쳤다.

난처해진 그는 고객이 융자를 받도록 돕는 일이 자신의 본분이라며 사장을 설득했다. 그 후로 그는 그 사장과 신뢰관계를 맺고 계속 연락을 유지하며 지냈다. 그리고 나중에 그가 이직을 결심했을 때 그 사장이 그를 다른 곳에 추천해주기까지 했다.

인맥 디자인 TIP
문제를 해결하지 못한 상황에서 장소만 바꾼다고 그 문제가 해결되는 것은 아니다.